Tomasz Jan Legowski

Johanna Gerber

Der verlorene Traum

Erinnerungen an Tomasz Jan Legowski, der im 2. Weltkrieg bei der Royal Air Force kämpfte.

Mein grosser Dank geht an die Familie, die mir erlaubte, seine Aufzeichnungen als Romanvorlage zu verwenden.

Impressum

© Neuauflage 2023 Johanna Gerber
Lektorat: Verena Stössinger & Barbara Traber
Satz & Layout: Petra Buchter. Parts
Hintergrundfoto Cover: istockphoto.com
ISBN Softcover: 978-3-347-95910-1
ISBN E-Book: 978-3-347-95911-8
Druck und Distribution im Auftrag des Autors:
tredition GmbH, Halenreie 40-44, D-22359 Hamburg

Das Werk, einschließlich seiner Teile, ist urheberrechtlich geschützt. Für die Inhalte ist der Autor verantwortlich. Jede Verwertung ist ohne seine Zustimmung unzulässig. Die Publikation und Verbreitung erfolgen im Auftrag des Autors, zu erreichen unter: tredition GmbH, Abteilung "Impressumservice", Halenreie 40-44, D-22359 Hamburg.

Inhaltsverzeichnis

Prolog	7
Teil I	
Januar 1939	9
März 1939	22
1. September 1939 Kriegsausbruch	42
Rumänien	52
1930	72
Frankreich	91
1940	99
Royale Air Force	105
1941	114
1942	121
Polnisches Geschwader	128
1943	139
Mai 1943	157
Teil II	
Dulag Luft (Durchgangslager)	168
Stalag Luft3 (Stationslager)	177
1944	186
1945	197
POW (prison of war)	204
Epilog	225
Zum Buch	226
Flugbasen & Flugzeugtypen	227
Dank	229
Autorin	230

Prolog

Lieber Lalo,

keine gute Zeit für unsere Träume, mein treuer Freund aus Kindertagen. Was hatten wir für Spass zusammen! Fliegen mit den verrücktesten Fliegern, aus Papier gefaltet und geklebt, oder zusammengeklopften Holzkisten, oder anderem flugtauglichen Material, das uns in die Hände kam. Die Flugversuche vom Kirchhügel hinunter zum Rynek, ein Genuss! Mit zerschlagenen Knien und löchrigen Hosen sind wir heimgehumpelt. Ich liebte das Abenteuer, brauchte Luft um die Ohren und zog dich mit in den Bann des Fliegens. Du hast mit roten Ohren, die Zunge zwischen den Zähnen, Papierflieger gefaltet und mir stolz hingestreckt. Alles hast du getan, nur um mein Freund zu sein, sogar den Flug mit der Efeuranke übers Wasser. Du hast diesen Flug nicht überlebt. Seither ist die Welt Kopf gestanden. Nur verrückt konnte ich dies überstehen. Ich muss mir von der Seele schreiben, was ich erlebt habe.

Teil I

Januar 1939

Ein klirrend kalter Tag! In Reih und Glied stand ich mit den anderen Flugschülern auf dem Flugfeld der Militärbasis von Deblin, hundert Kilometer südlich von Warschau. Hier begann meine Ausbildung. Stolz und gespannt warteten wir Aspiranten auf das, was uns erwartete. Oberkommandant Wilkowski begrüsste uns.

»Soldaten! Ihr seid zur Ausbildung zum Militärpiloten in der polnischen Armee angetreten. Ihr habt alle Vorprüfungen bestanden, den Fallschirmlehrgang in den Karpaten geschafft, sowie den Vorkurs und das Basistraining des Infanterieregiments 67 absolviert. Damit könnt ihr mit Stolz sagen: ab jetzt sind wir Aspiranten der polnischen Luftwaffe.«

Ich reckte den Kopf in die Luft und blickte in das kalte, klare Blau des Himmels. Den Fallschirmlehrgang hatte ich mit Auszeichnung bestanden. Meine Gedanken schweiften ab, während Kommandant Wilkowski seine Begrüssung weiterführte. Ich versuchte mich zu konzentrieren, doch das Zittern wegen der Kälte hielt mich davon ab. Links und rechts schlotterten alle, doch jeder starrte geradeaus. Vielleicht hilft das, dachte ich, dann ist die Begrüssung schneller durch.

Mein Nachbar links stupfte mich an: »Ich bin Miki!«
»Masz«, antwortete ich durch die zusammengebissenen Zähne.
»Affenkälte«, sagte er leise; ich nickte.
»Auch die medizinischen Tests,« fuhr Kommandant Wilkowski fort, »und die Aufnahmeprüfung, habt ihr hinter euch. Ab jetzt, Soldaten, gehört ihr der Armee Polens an und werdet zu Kampfpiloten ausgebildet. Gehorsam, Fleiss und Dienst am Vaterland wird von euch verlangt. Zu meiner Rechten steht Leutnant Nowak, er wird eine Kostprobe eures künftigen Lernziels vorführen.«
Leutnant Nowak grüsste, indem er die Hand an die Mütze legte. Ein sportlicher Offizier mit sympathischem Gesicht. In seinem bodenlangen Filzmantel fror er wohl nicht so wie wir. Wir grüssten zurück, was Kommandant Wilkowski ein Schmunzeln entlockte. Mit forschem Schritt ging Nowak zur Startbahn und zur bereitgestellten *RWD8*, dem Kampfflugzeug der polnischen Armee.
»Ein hartes Training erwartet euch. Wir erwarten von euch Begeisterung, Willen und Fleiss«, fuhr Kommandant Wilkowski fort und blickte in die Runde, während Leutnant Nowak sich in die Maschine schwang, »vor allem aber Disziplin und Einsatz. Bis zum Frühjahr wird der militärische Teil der Ausbildung abgeschlossen sein. Parallel dazu erfolgt der theoretische Teil der Fliegerei bereits ab morgen. Erst nach dem erfolgreichen Abschluss aller theoretischen Fächer

dürft ihr in die Maschinen steigen.« Nowak startete die Maschine. »Bis dahin ist noch ein langer Weg.« Wilkowskis Stimme schwoll an, um den Lärm zu übertönen. »Fliegen und körperliche Ertüchtigung haben oberste Priorität.« Er schrie jetzt fast. Doch alle guckten zu Nowak, uns interessierte nur eines, Nowak in seiner Maschine! Er rollte an uns vorbei, drehte ab. Vierzig Augenpaare folgten ihm. Der mörderische Lärm, als er Schub gab und an uns vorbeiraste, spürte ich als Vibration in meinem Bauch. Dann hob er ab, leicht und elegant. Das war es also! Ein richtiges Kampfflugzeug! Jetzt hielt mich nichts mehr, auch nicht die Sorgenfalten meines Vaters, als ich mich verabschiedet hatte. Den militärischen Drill würde ich schon durchstehen und bereits im Herbst meine Runden fliegen, ein richtiger Pilot sein. Nichts hatte ich mir sehnlicher gewünscht seit meiner Kindheit. Das Büffeln von Flugtheorie, Wetterkunde, Windeinfluss, Himmelsrichtungen hatte sich gelohnt. Nun ging es los, das Kennenlernen der Maschinen, der Instrumente: Höhenmesser überwachen, künstlichen Horizont ablesen, Steuerknüppel bewegen, Fliehkräfte verstehen, die Vibration der Maschine spüren, ihre Reaktion auf Luftwiderstand und Windböen. Später würden Bewaffnung und Schiessen dazukommen. Englisch stand zuoberst auf dem Stundenplan. Da musste ich noch zulegen. In meinem Kopf wirbelten Szenarien durch, ich sah mich im Cockpit mit Fliegermütze und Brille. Die Kälte war vergessen.

Da näherte sich Nowak in der *RWD8* wieder von hinten. Wir drehten die Köpfe in die Richtung. Sekunden später fegte er über uns hinweg, donnerte über unsere Köpfe, flog eine Volte und verschwand. Die Vibration hinterliess ein Kribbeln im Bauch. Er tauchte erneut auf, stieg steil hoch, liess sich nach links abfallen und sauste im Steilflug Richtung Boden. Vor uns, fast auf Augenhöhe, fing er das Flugzeug wieder auf. Mir blieb das Herz stehen. Der Kerl beherrschte seine Sache! Aus dem Stoff sind Helden gemacht! dachte ich. Ich blickte zu meinem Nachbarn rechts, nickte kurz: »Ich bin Masz.«
»Lip« antwortete dieser, »Wahnsinn, was die können!« Gänsehaut fuhr mir über den Rücken, doch diesmal nicht der Kälte wegen, die durch die Kleider biss. Ich hörte Nowak landen, er rollte aus und kam vor uns zum Stehen. Als er ausstieg, klatschten wir Beifall. Dies gab etwas Wärme in die durchgefrorenen Finger, welche sich mit stechendem Schmerz meldeten. Ich kehrte zur strammen Haltung zurück, wollte nicht auffallen. In mir zufrieden, schlotterte nun nicht nur Kälte durch mich, sondern vor allem Begeisterung. Der Kälte trotzend, stand ich kerzengerade in der Reihe. Keiner sollte sagen, ich könne nicht einstecken. Ich wusste, worauf ich mich einliess mit dieser Ausbildung. Die Anforderungen des Trainings waren hoch. Schon bald würde ich selber Runden drehen, Kunststücke fliegen, Mut beweisen müssen. Im Cockpit mit Fliegerbrille und Ohrenmütze würde der

Traum meiner Kindheit Realität. Ich sah mich über weite Felder, Flüsse bis zum Meer zu fliegen. Neben mir zischte Miki: »Lange halte ich diese Kälte nicht mehr aus.«

»Denk an was Schönes, das heizt.«

Als ob Kommandant Wilkowski uns gehört hätte, brüllte er: »Ruhen! Ab zum Fassen in die Kabina.«

Die Fanfare ertönte. Strammen Schrittes und erhobenen Hauptes machten wir uns auf zum Mannschaftsraum. Das Scharren der achtzig Stiefel übertönte das Geraune von uns vierzig Neuankömmlingen. Drinnen stampfte ich zuerst auf, so eingefroren fühlten sich meine Füsse an. Ich war nicht allein! Einige schlugen sich mit den Armen um die Schultern. Endlich hatten wir Zeit, uns etwas kennenzulernen.

»Mensch, wie eng Nowak die Volte geflogen ist«, meinte einer auf dem Weg zur Kabina. »So nah über die Köpfe zu fliegen braucht Mut!«

»Der hat Übung, das will ich auch können! Hey, ich bin Masz!«

»Zeblik«, gab er zur Antwort.

»Dein Vorname?«

»Nein, aber nenn mich so!«

Drinnen in der Kabina türmten sich Uniformen, Mützen, Schuhe und Gamaschen, sowie Essgeschirr und Wolldecken auf den Holztischen. Wir standen Schlange. Die Korporale unterzogen jeden einem geübten Blick, dann griffen sie in den Uniformenstapel, zogen eine Hose und eine Jacke hervor und legten sie einem über den Arm. Den meisten passte sie einigermassen. Ich mit meinen nur 1,68 Meter Körperlänge musste Hose und Jacke nochmals ausziehen, zwecks Anpassung. Der Schneider kürzte flink und hielt mir die Hose gleich wieder hin.

»Danke, das ging aber schnell!«

»Ist ja auch keine Hexerei! Die Jacke braucht etwas länger, die kannst du nach dem Essen holen.«

»Wenigstens ist es warm hier drinnen!«

»Wirst deine Knochen schon noch abfrieren!« Er lachte mich an. »Geh zum Schlafsaal.«

Als ich den Schlafsaal mit meinem Bündel betrat, blickte ich mit Schrecken auf die enggestellten Pritschen und schluckte kurz, liess mir aber nichts anmerken. Kahle Wände aus Backstein mit vorhanglosen Fenstern. Miki hatte bereits die Pritsche neben sich für mich besetzt. Es beruhigte mich, obwohl ich ihn noch kaum kannte. Aber uns beide bewegte sofort dasselbe Thema: Flugzeugtypen, technische Neuheiten, Fluggeschwindigkeit, Ausrüstung. Flugzeugverrückt waren wir beide.

»Hast du gesehen, mit wie wenig Schub die Maschine abhob?« Miki war nicht zu bremsen.

»Auf dieser Maschine fliegen wir aber erst später. Am Anfang lassen sie uns nur an die alten Kisten, die P.7.«

»Hauptsache Luft, Hauptsache fliegen, allein am Himmel kreisen. Alles andere ist mir egal«, sagte Miki ungeduldig. »Klar, die *RWD8* erfordert mehr Wissen, mehr Können, aber im Sommer fliegen wir die bereits, wirst sehen.«

»So schnell, denkst du?« Zeblik, der zu uns getreten war, rollte mit den Augen. »Die *RWD8* zu fliegen ist mein Traum.«

»Da gehören wir dann wirklich dazu!« Miki lachte. Sein Lachen war ansteckend. Er überragte mich fast um einen Kopf und aus seinen Augen blickte Schalk. Er schien ein Lebenskünstler zu sein. Das beruhigte mich.

»Ich habe mir die Ausbildung hundertfach vorgestellt, meinen Kameraden vorgeschwärmt. Das ist ein Abenteuer, habe ich gesagt.«

»Unsere Begeisterung fürs Fliegen ist kein Geist, sie ist Wirklichkeit.« Zeblik fixierte mich mit seinen auffallend blauen Augen. »Ich liege grad hinter euch«, sagte er und deutete zu seiner Pritsche. Ich nickte nur und stellte meinen Sack mit den persönlichen Effekten, den gefassten Kleidern und Utensilien auf das eiserne Bettgestell. Ich faltete die raue Wolldecke, legte sie wie vorgeschrieben ans untere Ende der grauen Matratze, meine Schuhe schob ich unter die Pritsche.

So kühn mein Mut mich diese besondere Laufbahn hatte einschlagen lassen, mischte sich nun doch etwas Furcht dazu. Bei der Ankunft in Brodnica hatte uns eine Regimentsmusik empfangen. Das war mir eingefahren! Stolz waren wir hinter der Blasmusik durch die Strassen marschiert, gesäumt von Schaulustigen. Auf Lastwagen ging es nachher zum Flugplatz Deblin. Hier beim Regiment zog nun die Realität ein; Knastfrisur, Uniformen, acht Wochen exerzieren und büffeln. Nachdem sich das eiserne Gittertor scheppernd hinter uns geschlossen hatte, wusste ich, es galt ernst. Keine Willkommensband, kein Marsch durch Schaulustige, dafür gebrüllte Befehle der Offiziere, ernst dreinschauende Kommandanten, strenge Leutnants und laute Korporale.

Beim Essen in der Kantina warfen die kahlen Wände die Gesprächsfetzen hin und her. Es ging laut zu und her, jeder wollte erzählen. Miki behielt oft die Oberhand, ich hielt mich zurück, lauschte fasziniert. In der ersten Nacht im Schlafsaal fand ich keinen Schlaf. Ich wälzte mich von einer Seite zur anderen, dachte an mein schönes Zimmer daheim. Ein Gedanke, der mich beschäftigte: Würde ich das harte Training auf dem Weg zu meinem Wunschberuf aushalten? Der erste Tag hatte mir gezeigt, diese Ausbildung war kein Zuckerschlecken, es brauchte Durchhaltekraft und Mut. Miki konnte auch nicht schlafen. Er lehnte halb aus seiner Pritsche zu mir rüber.

»Bins nicht gewohnt mit neununddreissig anderen zusammen im Schlag«, gab ich zur Antwort, als er fragte, ob ich auch nicht schlafen könne.

»Daran gewöhnst du dich. Ist doch auch toll, läuft immer was!«

»Hast recht, ich muss einfach durchhalten, muss mein Ziel im Auge behalten. Der militärische Drill wird mir zu schaffen machen.«

»Das ist bei mir nicht anders. Doch nur so kommen

wir in die Luft. Fliegen ist unser Traum! Das musst du dir immer wieder sagen. Wir halten zusammen durch!«

Als verschiedene Pscht rundum zu hören waren, drehte ich mich auf die Seite. »Gute Nacht, Miki.«

»Gute Nacht, Masz.«

Doch bei mir wollte der Schlaf trotz meiner inneren Beschwichtigungen nicht kommen. Die fast fiebrige Erwartung legte sich erst gegen Morgen.

Mit dem ersten Sonnenstrahl begann für mich, nach einer fast durchwachten ersten Nacht, die Ausbildung zum Militärpiloten. Die drei Fanfarenstösse zur Tagwacht kamen mir gelegen. Endlich aufstehen! Vor dem Frühstück wurde ein Lauf angeordnet. Im Eilschritt ging es um die Schulungsgebäude, seitlich dem Flugfeld entlang, und zurück. Der Befehl: zehn Runden in der Gruppe, keinen abhängen, zusammen ankommen, nicht über 30 Minuten. Eine schwierige Aufgabe, nicht jeder war ein Ass in Laufen und mit leerem Magen. Die Langsamen packten wir unter den Armen, um die vorgegebene Zeit einzuhalten. Ausgepustet kamen wir in der Kabina an. Die Kälte hatte sich in Hitze verwandelt. Heiss und kalt ist relativ!

Wir löffelten den Haferbrei zum Frühstück. Keiner muckte auf. Danach der Gang zum Schulungsgebäude. Wir setzten uns in die Holzbänke und warteten gespannt auf die erste Lektion. Leutnant Nowak zeichnete uns kurz den Aufbau der theoretischen Ausbildung auf.

»Wir legen ohne Verzug los«, sagte er. »Fächer wie Navigation, Morsen, Positionsbestimmung, Meteorologie, Geographie, Wetter und Klima stellen den essentiellsten Teil der Ausbildung dar. Danach Cockpit-Kunde. Jeden Knopf, jeden Schalter zuordnen, Messgeräte ablesen, den künstlichen Horizont einstellen, Höhenmesser, Orientierung, Himmelsrichtung ablesen, und nicht zuletzt Englisch, um die Befehle vom Tower zu verstehen. Es braucht viel Fleiss. Der Unterricht findet in Gruppen statt.«
Ich kämpfte nach der durchwachten Nacht gegen den Schlaf, nur der Blick rüber zu Miki hielt mich wach. Dieser hatte immer einen Spruch, eine Grimasse auf Lager, die aufmunterte. Ich hingegen konnte kaum die Augen offenhalten. »Nächste Nacht wirst du schlafen«, tröstete er mich, während wir fürs Essen anstanden, und klopfte mir auf die Schulter.
»Das will ich doch hoffen, sonst bin ich nicht mehr zu gebrauchen.« Lip vor mir drehte sich um. »Hab auch nicht gut schlafen, aber das stellt sich noch ein, hoffe ich.«
Tags darauf stand nach der Theorie morgens am Nachmittag Exerzieren an. Ich verzog mein Gesicht. Wie Miki vorausgesagt hatte, bestand das Exerzieren aus Marschieren, Aufstellen, Marschieren, verteilt über den ganzen Flugplatz. Gut, hatte ich besser geschlafen.
»Da kommen wir die nächsten Wochen nicht drum rum«, verkündete er etwas grossspurig, während wir

zum x-ten Mal die Aufstellung nach Westen übten. Er machte gute Stimmung und wir marschierten wieder in Viererreihen zur nächsten Aufstellung. Manchmal hörte ich ihn, denn ich stand zuhinterst, er hingegen, einen Kopf grösser als ich, einiges weiter vorne.

»Lauftraining in der Kälte hält die Füsse warm. Zwanzig Mal Aufstellung der Grösse nach, auch so lassen sich die Füsse wärmen« lachte er.

»Für mich leicht, einfach der Hinterste« witzelte ich. Doch vor den kleinen gemeinen Tricks, welche ein militärischer Drill offenbar umfasste, konnten wir uns nicht retten. So auch, als wir einmal den ganzen Morgen Theorie gebüffelt hatten und uns hungrig auf die Mittagspause freuten. Lip strahlte hinter mir, so hungrig war er, als im Lautsprecher der Befehl zum 10 km-Marsch mit Vollpackung angekündigt wurde. Besammlung in zehn Minuten vor der Kabina. Lips lautes Aufstöhnen brachte uns zwar zum Lachen und liess die Hoffnung keimen, durch Aufmucken der ganzen Truppe den Marsch verhindern zu können. Doch die unmissverständliche Wiederholung des Befehls, unter Androhung einer drakonischen Strafe, liess uns verstummen. So packten wir den Rucksack und los ging es. Das Gelände war flach, wenigstens dies. Der Wind pfiff scharf über die Winterlandschaft, die vor uns lag. Der kratzende Lärm der Schuhe war das einzige Geräusch, das ich wahrnahm. Kaum einer mochte ein Wort sagen, nur Mikis Mundwerk, er lief hinter mir, setzte nie aus. Er erzählte was von seinem

Schwager, der sei Pilot und seinen beiden attraktiven Schwestern Danuta und Danka ... Ich hörte nur mit einem Ohr hin. Miki hielt die Truppe in Schwung. Das Lauftempo war horrend, hungrig sehnte sich jeder zurück an die Wärme. Als es noch zu schneien begann, wurden wir langsamer. Da nützte kein gebrüllter Befehl mehr. Er verhallte vor unseren eingepackten Ohren.
»Gut findet jede Marter ein Ende«, rief Miki, als die Kabina auftauchte, zur Aufmunterung in die kalte Luft. Nur ein Raunen kam ihm noch entgegen. Endlich zurück, sassen wir halb schlafend auf den harten Bänken, stützten unsere Köpfe auf und kauten schweigend unser Mittagsmahl. Am Nachmittag stand Kantonnement putzen auf dem Programm, was wir als leicht ansahen, doch eines anderen belehrt wurden. Pingelig wurde kontrolliert, bis jedes Stäubchen, jeder Fleck verschwunden und wir uns, in Reih und Glied geordnet, wieder abgemeldet hatten. Nach dem Abendessen lagen neununddreissig Schläfer auf ihren Pritschen und schnarchten, was das Zeug hielt. Man hörte den Atem aus Lungen und Nasen pfeifen. Nur ich konnte, trotz der Anstrengung, nicht einschlafen. In mir kreisten die Gedanken. Hatte Miki das Zeug für einen Freund? Er schien ein Heisssporn zu sein, war ein Jahr älter als ich. Gut, hatte ich es in dieselbe Gruppe geschafft. Ein Kamerad war er sicher! Aber ein Freund?
Ich dachte an dich, Lalo, wie du mir treu gefolgt bist.

Der schöne See ging mir durch den Kopf. Lange bin ich diesem Gewässer ferngeblieben. Fast neun Jahre liegt die Geschichte nun zurück. Ich glaubte, den See zu riechen, das Glitzern des Wassers zu sehen. Das Bild aus meiner Heimat erfüllt mich mit Wärme, mit Freude, mit Sonne, mit Düften, bis du im dunklen Wasser treibend auftauchst, dann fühle ich Schuld. Du hast alle Kindertorheiten von mir mitgemacht, Lalo, nur, um mein Freund zu bleiben. Die letzte hast du mit dem Leben bezahlt. Ich wusste, dass du nicht schwimmen konntest. Doch eigentlich hättest du beim Flug über das Wasser nie mit diesem in Berührung kommen sollen. Die Efeuranke war dick und gut am Baum festgewachsen. Warum nur hast du sie beim äussersten Schwung losgelassen?

März 1939

Im März entzündete sich mein Blinddarm und musste operiert werden. Dies brachte mir einen Vorteil. Ich durfte nach dem Eingriff zur Erholung nach Hause. Mein Vater freute sich sehr, konnte ich doch meinen neunzehnten Geburtstag Ende März mit ihm zusammen feiern. Die Freude über meinen Besuch überwältigte ihn.
»Nicht weinen, Vater, es geht mir ja gut«, tröstete ich ihn, als er mich in die Arme schloss. »Bald ist die theoretische Ausbildung überstanden. Im Mai geht es endlich ab in die Luft! Im Juni sollten wir alle allein fliegen können, dann kommt das spezielle Training als Kampfflieger.«
»Die Gerüchte über einen bevorstehenden Krieg verstummen nicht«, sagte er mit Sorgenfalten im Gesicht und drückte meinen Arm. »Dies geht mir unter die Haut. Wenn ich dran denke, dass du Einsätze fliegen musst, steigt in mir Angst hoch. Willst du die Ausbildung nicht abbrechen und dich in eine Bodentruppe versetzen lassen?« Er wirkte bedrückt, sah mich mit intensivem Blick an.
»Auf keinen Fall, Vater. Ich will fliegen, das weisst du doch. Gerüchte sind Gerüchte, die legen sich wieder. Wir schauen voll Vertrauen in unsere Zukunft«, beruhigte ich ihn stolz. »Sollte ein Krieg kommen, sind wir eine kampfstarke Fliegerstaffel, und ich gehöre dazu.«

»Da hast du wohl recht. Nur wollen die Gerüchte nicht verstummen. Im Gegenteil, sie werden immer lauter.«
»Wenn wir kämpfen müssen, werden wir das heldenhaft tun, für unser Vaterland. Keiner kriegt einen Knopf von Polen, dieser Spruch geht in der Truppe um.«
Mein Vater nickte nur und fuhr mir durch die Haare, ein Streicheln. Mein Urlaub tat uns gut. Wir verbrachten die meiste Zeit zusammen. Beim Abschied umarmte er mich lange: »Pass auf dich auf!«
»Mach dir keine Sorgen, Vater.« Erst aus dem Zug sah ich, wie er sich über die Augen wischte. Es tat mir in der Seele weh!
Immer noch geschwächt zurück bei der Truppe, erliess man mir anfangs die Märsche. Meine Kameraden beneideten mich darum. Dafür kniete ich mich rein, das Verpasste nachzuholen. Die Ausbildung faszinierte mich zunehmend. Ich paukte Flugabläufe und Berechnen von Flugrouten. Ein Flug hatte einen genauen Ablauf, der eingehalten werden musste. Start, Flugroute in definiertem Flugradius, Windeinfluss, Akrobatikfiguren, jede Figur mit genauer Anfangshöhe und Geschwindigkeit, Beschleunigung, Kurvenlage, sowie exakten Flugparametern. Dann bei der Landung der Anflugwinkel und die Anfluggeschwindigkeit. Man musste die Zeit einhalten, den Vorgaben nach über dem Ziel sein. Noch waren wir im Camp, das mich hart und intensiv forderte, auch ohne Nachtmärsche mit Vollpackung. Es blieb kaum Zeit für

Grübeleien. Das Zusammenleben gestaltete sich weniger schwierig als zuerst befürchtet. Miki, die Kraftquelle der Truppe, hob die Stimmung mit den schrägsten Sprüchen. Er war für uns die Nummer eins. Nach Abschluss der theoretischen Fächer war die Ankunft von fünf Schneidern ein Höhepunkt im Camp. Sie nahmen Mass für die Uniformen. Das Abschlussbrevet als Pilot sollten wir nach dem Flugtraining erhalten. Dabei auch den Schwur aufs Vaterland leisten. Immerhin wurden bereits die Uniformen für die Feier genäht, es tat unserer Moral gut.

»Erst die Uniform macht einen richtigen Soldaten oder Piloten aus dir«, meinte Zeblik.

»Wir grüssen mal übungshalber.« Miki legte die Finger an die Mütze und stellte die Brust heraus. Ein Riesengelächter! Nur kurz feierten wir den Abschluss der theoretischen Ausbildung. »Nicht mal was Scharfes zu trinken», maulte Zeblik hinter vorgehaltener Hand.

»Mir egal! Nächste Woche beginnt das Training im Flugzeug, darauf bin ich heiss«, rief Lip in die Runde. Man klatschte Beifall. Oft lernte ich noch auf meiner Pritsche weiter, während die anderen sich vergnügten. Ich wollte bestehen, wollte gut sein, sogar brillieren. So repetierte und lernte ich, was das Zeug hielt, machte Kraftübungen vor dem Bett, denn ich war den meisten körperlich unterlegen, fand ich.

Am lang ersehnten Tag wurden wir in vier Gruppen aufgeteilt und auf die Abschnitte eingewiesen. Schon von Weitem sahen wir die vier *RWD3* stehen. Miki kam in Gruppe zwei, ich in Gruppe drei. Flugtraining, das tönte gut!

Der ungewöhnliche Geruch faszinierte mich. Es roch nach Maschinenöl und von der Frühsommersonne aufgeheiztem Metall. Ich sog den Duft tief ein. Dieser Duft würde mich nun begleiten, den Geruch von Socken und Schweiss im Schlafsaal verdrängen. Als erstes war Cockpitreinigen angesagt. Korporal Orban instruierte den genauen Ablauf: »Alles hat seine Ordnung. Jedes Detail ist wichtig. Es dient der Sicherheit des Piloten. Sie ist oberstes Gebot. Das Reinigen des Cockpits hat immer denselben Ablauf: Reinigen der Sitze und Gurten, der Frontscheibe, Kontrolle, Abreiben aller Instrumente, Kontrolle! Keine Kontrolle heisst: nicht gereinigt. Kontrolle des Fallschirms und dessen Griff! Kontrolle.«

So wischten wir jeden Knopf, jedes Anzeigeglas, jede Ecke, glänzten und polierten, rieben Instrument um Instrument klar, putzten die Frontscheibe, umfuhren das Top, jeden Schalter, jeden Knopf. Kontrollierten Fallschirm und Griff, und alles nochmals von vorne. Wir schwitzten in der Enge des Cockpits, die Sonne brannte auf den Flieger, was intensiv beissenden Geruch von Leder, Blech, Öl auslöste. Sogar das Glas roch. Ich verstand dieses Putzen, das dem Kennenlernen des Cockpits diente. Dann kam der Blindtest! Mit verbundenen Augen im Cockpit sitzend, mussten wir blind auf die jeweiligen Instrumente zeigen, welche der Ausbildner nannte. So prägten sich Knöpfe und

Schalter, Gurten und Platz des Fallschirms, den Griff, um ihn aufzuziehen. Alles diente der Sicherheit, dem automatisierten Handeln im Cockpit.

Die Nachkontrolle der Instruktoren war streng: Wer ungenau reinigte, wurde zum Putzen der Unterkunft verknurrt, wo er dann den Abend in den Latrinen und Duschen verbrachte. Miki traf es einmal, er kaufte sich frei, versprach einem Kameraden die Getränke beim nächsten Urlaub. Ich zog es vor, das Cockpit genau zu putzen. So würde ich blind jeden Knopf, jedes Instrument, jeden Schalter finden, was mir bei gefährlichen Umständen helfen würde, das Richtige zu tun. Auch lernte ich, blind den Gesamtüberblick im Cockpit zu behalten, sollte sich im Flugzeug Rauch entwickeln, bei Feuer, bei Treffern durch den Feind, bei drohendem Absturz, bei Stress jeder Art. In Lebensgefahr musste ich die Instrumente noch bedienen können. Wir übten diese Abläufe zehnmal, zwanzigmal. Dem Lösen der Gurte und dem Aussteigen nach dem Öffnen des Tops wurde spezielle Beachtung geschenkt. Es brauchte viel Übung, denn sollte die Maschine abstürzen, rettete dies unser Leben. Rausklettern, wegspringen von der Maschine, den Fallschirmgriff ziehen. Im Ernstfall erforderte dies viel Mut, denn man sprang ins Nichts, in die kalte Luft, ins Unendliche. So stellte ich es mir jedenfalls vor. Nur mit traumwandlerischem Können würden wir im Notfall überleben. Man muss sich das vorstellen: in tausend Metern Höhe einfach losspringen ins Nichts!

Ende Juni kam endlich der lang ersehnte Moment! Wir durften ins Cockpit der *RWD3* sitzen, den Motor starten, auf die Piste rollen, Gas geben, bremsen, wenden und wieder zurückrollen. Übung im Cockpit auf der Piste, um die Dimension der Maschine zu spüren, die Grösse, den Blick auf die Piste, die Höhe zum Boden, die Sicht nach vorn, die Enge des Cockpits. Es machte mich atemlos, allein in dieser Maschine zu sitzen. Aber Fliegen blieb noch ein magischeres Wort. Wie brannte ich auf den Tag des ersten Alleinflugs! Die ganze Truppe war aufgeladen. Nach der Bodenübung schwatzten wir wie im Fieber alle durcheinander. Mir kribbelte der ganze Körper. Zwei Tage später wurde ein erster Kurzflug angekündigt. Trockentraining ade, flüsterte ich, als ich ins Cockpit stieg. Leutnant Nowak setzte sich hinter mich. Ich spielte den eingeübten Ablauf durch, er zeigte, erklärte, korrigierte, sicherte – bis alles sass. Das Anmelden beim Tower klappte, ich rollte zur Piste, wartete mit klopfendem Herz, bis ich das O.K. erhielt. Dann Kontrolle, beschleunigen, *take off*! Die unglaubliche Geschwindigkeit übers Flugfeld liess mein Herz rasen. Als ich den vorgeschriebenen Speed erreicht hatte, zog ich langsam den Steuerknüppel, als Nowak hinter mir anordnete: »Vollschub, steigen bis auf 200 m, künstlichen Horizont kontrollieren, Schub entlasten.« Die ruhige Stimme von Nowak gab mir Sicherheit. Und doch packte mich das erste Abheben mit Wucht. Ich steuerte ein Flugzeug, ich tat dies mit meinen Händen, meinem Können. Natürlich sass hinter mir der Instruktor, aber fliegen tat ich selber. Ich folgte seinen ruhigen Anweisungen: aufsteigen auf 500 m, Volte links, Volte rechts, Anflug einleiten, Höhe 400 m / 300 m / 200 m. Sanft setzte ich die Räder auf die Piste und rollte aus. Der Instruktor klopfte mir auf die Schulter: »gut gemacht, ein Naturtalent.« Ich lachte in mich hinein.

Miki erging es nicht anders. Nur überbordete er, der Heisssporn! Der Instruktor kritisierte: »Temperament zügeln, mehr Feingefühl, die Aktionen weniger schnell einleiten.« Es ärgerte Miki, als er es uns erzählte, doch der Stimmung am Abend beim Essen tat dies keinen Abbruch. Ausgelassen, entspannt und fröhlich erzählte jeder, wie es ihm ergangen war.

»Ich habe die Kurve zu eng angeflogen«, erzählte Lip. »Das hat mich Höhe gekostet. Man sagt dem Abschmieren«.

»Das Gefühl fürs Fliegen kommt mit der Routine«, bemerkte Nowak, der stehengeblieben war und sich am Austausch beteiligte. »Mit dem täglichen Training im Flugzeug legen sich die Fehler, ihr macht das gut, ich sehe Fortschritte. Das Cockpitputzen hat geholfen, Korrekturen brauchte es kaum mehr.« Er klatschte in die Hände.

Ich meinte: »Ganz locker fliegen gelang mir nicht, mich hat die Dimension, die Grösse des Flugzeugs im Vergleich zu mir als Piloten überrascht. Dass ich eine solche Maschine dirigieren kann; irgendwie kommt mir das fast magisch vor. Jedenfalls habe ich grossen Respekt.«

»Wartet noch bis zum Alleinflug! Da wird die Magie Realität, und Respekt vor der Sache Fliegen schützt euch vor Leichtsinn.« Nowak entfernte sich mit einem Schmunzeln.

Und dann kam er, der erste Alleinflug! Ich war ziemlich nervös. Alles musste sitzen, die Startvorbereitung, das Rollen auf die Startbahn, der Funkspruch an den Tower, der Moment des Wartens. Eine Spannung, die ich fast nicht aushielt. Der Moment, als ich mit röhrendem Motor bereitstand, wollte nicht enden. Dann die Erlaubnis für den take off, die Starterlaubnis. Ich gab Schub, rollte über die Piste, schneller, schneller, bis zum vorgeschriebenen Speed, dann zog ich am Steuerknüppel und hob ab. Ein Schauer von Glücksgefühl überwältigte mich. Leicht, ganz mich selbst und losgelöst, flog ich. Ich glaubte vor Stolz zu platzen! Tränen der Freude rannen mir über die Wangen. Angst verspürte ich nicht. Hingerissen von der Grossartigkeit des Fliegens, überwältigt von Gefühlen, sang ich in den Äther. In meinen Träumen hatte ich tausendmal abgehoben, mir Fliegen vorgestellt. Die Wirklichkeit überstieg all diese Träume um ein Vielfaches. Das Loslassen von der Erde, es war unfassbar. Viel zu kurz war die kleine Runde, die ich fliegen durfte. Aber mehr war nicht erlaubt. Schon etwas mutiger setzte ich ab auf die Landebahn, das Rattern der Räder empfing mich. »Ich ein Vogel! Ich ein Pilot«, schrie ich ins Cockpit.

Mit Stolz und Selbstvertrauen traf ich nach dem Flug zum *Debriefing* im Schulungsraum ein. Die Eindrücke hatten mein Inneres in einen Traumzustand versetzt. Und damit war ich nicht allein. Die Nachbesprechung mit den Fluglehrern glich so sehr einem lauten Feiern, dass Leutnant Nowak eine Runde mit Vollpackung anordnete. Er kannte seine Pappenheimer! Diesmal knirschte keiner mit den Zähnen.

»Perfekt«, meinte der grosse Wladislaw, »beim Laufen können wir erzählen, ist kurzweiliger als so eine fade Nachbesprechung.« Vergnügt machten wir uns auf die Runde. Piotr tat einen Luftsprung und setzte zu einem Sprint an: »wer erreicht zuerst die Kabina?« Da liess sich keiner lumpen. Der Lauf wurde der schnellste und kurzweiligste ever.

»Mich hat es gepackt, gepackt in meinem tiefsten Menschsein«, sagte Piotr ausser Atem neben mir herrennend.

»Schade, bin ich nicht mit Flügeln geboren, das wäre jetzt hilfreich«, keuchte Lip.

»Ab jetzt tun wir wohl kaum mehr was anderes als fliegen«, tröstete ich ihn, «es muss vorwärts gehen, so sieht es aus.«

»Euch wird die Luft noch um die Ohren fliegen«, meinte Miki etwas prahlerisch, als wir in der Kabina eintrafen, was mich kurz ärgerte. Wir prosteten uns mit Wasser zu, keiner kümmerte sich an diesem Tag um Gerüchte, die Sorgenfalten der Offiziere, das

Tuscheln und Köpfe-Zusammenstecken. Ich wunderte mich einfach, woher diese Eile kam. Miki war dies auch aufgefallen. Als wir auf unseren Pritschen lagen, viele bereits schnarchten, beugte er sich zu mir: »Die machen sich Sorgen«, flüsterte er, »die Gerüchte halten sich hartnäckig. Unser Training wird sofort intensiviert, hörte ich. Das heisst, schneller auf die zweite Ausbildungsstufe, mehr Starts und Landungen pro Tag, grössere Distanzen fliegen, schneller umschulen auf die grössere *RWD8*, das modernste Flugzeug der polnischen Luftwaffe. Dieser Typ ähnelt dem britischen *Gladiator*. Der kann auf kurzer Stecke abheben und landen, ein Vorteil.«

»Heute bin ich zu müde«, gähnte ich zurück.

»Dann gute Nacht«, sagte Miki.

»Gute Nacht, schlaf gut.«

Nur Tage später strich Kommandant Wilkowski alle Heimurlaube. Wir waren schockiert. »Ab jetzt ist Intensivtraining angesagt! Wir konzentrieren uns auf neue Flugzeugtypen, vertieftes Training, um die Ausbildung anzukurbeln«, sagte er trocken. »Wir verlangen grösste Disziplin und Gehorsam. Informiert eure Familien«. Ab da begannen wir zu ahnen, dass ein Einsatz, früher als uns lieb, nötig werden könnte. Uns packte ein wahres Flugfieber. Je mehr von aussen die Kriegsrhetorik zunahm, desto eifriger absolvierten wir die Flugübungen. Start und Landungen von morgens bis am späten Nachmittag. Abends büffelten wir freiwillig Theorie, wollten umsetzen was angeordnet, das Englisch des Towers verstehen, den Kontakt aufrechthalten. Nach dem Einschulen auf die *RWD8* lernten wir im Eiltempo die Bewaffnung kennen, übten täglich Zielschiessen, mit kaum einer Verschnaufpause. Abends sanken wir todmüde auf die Pritschen, fielen in einen traumlosen Schlaf. Der Wechsel auf die grössere Maschine brachte uns einen Riesenschritt vorwärts. Das wendige Flugzeug, auch geeignet für akrobatische Elemente, forderte uns extrem heraus. Fliegen wurde aufregender, interessanter, gefährlicher. Eine Übung war; mit einer vorne montierten Kamera zu versuchen, von den kleinen Fallschirmen, welche der Flieger vor uns aus dem Cockpit warf, Fotos zu knipsen, während diese zur Erde schwebten. Die kleinen Dinger sanken unglaublich schnell. Flöhe einsammeln, nannten wir das und jagten ihnen nach. Es bedurfte grosser Geschicklichkeit, manchmal kam man dem Boden gefährlich nahe. Traf man die Dinger nicht, war der Bildstreifen zur Kontrolle nur grau. Unbequeme Fragen folgten. Das ganze Training stand unter nervöser Beobachtung der Fluglehrer, die uns immer mehr antrieben, korrigierten, auch anpfiffen, wenn etwas nicht klappte. Unter uns Pilotschülern nahm die Konkurrenz und damit das Risiko eines Fehlers zu. Bei dieser Übung bemerkte ich, dass ich doch nicht ganz so mutig war. Miki zum Beispiel grinste noch, als er fast einen Baum touchiert hatte. In der ganzen Hektik vergass ich die Zeit, das Daheim, mich selbst. Je mehr ich flog, desto sicherer und kühner wurde ich. Anfang August wurden auch die anstrengenden Märsche gestoppt, was uns freute.

An einem sonnigen Augusttag veranstalteten unsere Instruktoren eine Flugshow. Ich stand mit Miki staunend am Pistenrand. Wir diskutierten diese waghalsigen Akrobatikfiguren. Die Maschinen drehten, wendeten, stiegen und sanken in der Luft wie Vögel. Sie drehten über einen Flügel ab, stachen in die Tiefe, flogen kopfunter, zogen steil hoch, bis die Maschine an Schub verlor, und liessen sich trudelnd kopfvoran fallen. Gefährlich spät fingen sie die Maschine unten auf. Ich traute mich noch nicht, das Spiel auf die Spitze zu treiben, bewunderte unsere Fluglehrer und ihre halsbrecherischen Flugkünste. Zurück im Schulungsraum wurde debattiert, korrigiert, ins Logbuch eingeschrieben. Nachahmung noch zu früh? Weit gefehlt, schon ging es los! Einer nach dem anderen mussten wir Rollen, Rückenflüge, später Loopings üben.

»Mensch, der ist verrückt!«, rief Piotr, als Zeblik extrem tief anflog, man glaubte, er würde den Boden berühren. Miki stockte in der Bewegung, mich zog es vor Schreck zusammen, dann klatschten wir in die Hände. Ausgerechnet Zeblik, sonst einer der nicht viel sagte, hatte derart aufgedreht. Lip schubste ihn an: »du Draufgänger«, sagte er, als er wieder neben uns stand. Etwas verlegen stand Zeblik da und grinste.

Ich bekam die Aufgabe, einen Rückenflug zu wagen. Mit grosser Konzentration startete ich, hob ab, flog übers Flugfeld, wendete und drehte beim Rückflug

die *RWD8* auf den Rücken. Ich sah den Flugplatz unter mir, nahm vorsichtshalber genügend Abstand zum Boden, denn einmal war mir bei dieser Figur schwindlig geworden, was ich damals verschwiegen hatte. Diesmal ging alles gut! Ich setzte mein Flugzeug ordentlich auf die Piste. Ungern überliess ich Miki das Cockpit. Ich wäre gerne weitergeflogen. Dem wachsamen Auge von Nowak entging nichts. Er machte mich nach der Landung sofort auf meine Fehler aufmerksam. Bei mir beanstandete er mein zu abruptes Drehen auf den Rücken. »Wenn man nicht aufpasst, wird einem schwindlig.«
Daher also! Ich brachte meinen Unmut vor. »Um Übung zu bekommen, müssen wir eben mehr fliegen«.
»Du kriegst noch genug Chancen, jetzt sind die anderen dran. Dein Feingefühl für das Fliegen ist auffallend. Du fliegst präzis und mühelos. Es liegt dir«, bemerkte Nowak. »Aber pass auf, Überheblichkeit hat im Cockpit keinen Platz.«
»Vielleicht fliegt dein Blut durch deine Adern«, grinste Lip. Ich meldete mich mit einem Nicken ab, lächelte vor mich hin. Gut, gelobt zu werden, gut, meiner Leidenschaft mit Hingabe zu frönen, gut, dazu zu gehören, zur Staffel der tapferen Flieger. Miki war zwar mutiger, doch nicht so präzis, dazu manchmal zu waghalsig und leichtsinnig. Er wurde deshalb wieder gerügt, was ihn sehr ärgerte. Es dauerte einige Zeit, bis er sich aufgefangen hatte.

»Wir fokussieren uns jetzt aufs Fliegen«, meinte er lakonisch.
»Klar! Mädchen, Tanzen, Trinken kommt nachher«, sagte ich streng. Da boxte er mich, bis ich schrie vor Lachen.
»Mir würde ein Mädchen auch noch Schub geben«, witzelte Piotr.
»Das kommt noch, momentan brauchen wir jeden Piloten, wir bilden euch fundiert aus, gehen möglichst keine Risiken ein. Das kommt euch zugute, wenn ihr im Einsatz seid, Jungs.« Kommandant Wilkowski stand hinter uns.
Man zählte auf uns, das tat gut. Das Fliegen war jetzt das Wichtigste. Unsere Tage bestanden nur noch aus Trainieren, Essen und Schlafen. Die Instruktoren trieben uns zu Höchstleistungen, was wir in unserer Begeisterung kaum bemerkten. Der nächste Schritt, Treffübungen! Mit unter den Flügeln montierten Gewehren, welche wir vom Cockpit aus bedienten, versuchten wir Ziele zu treffen. Der Auslöser war kein Knopf, sondern aus Materialmangel eine alte Fahrradbremse, welche neben dem Steuerknüppel fixiert wurde. Diese galt es im richtigen Moment zu ziehen, um ein Ziel zu treffen. Fliegen, beobachten, schiessen, zurückfliegen, landen. Das Ziel: eine hölzerne Plattform von zwei Metern Durchmesser. Wir mussten sie präzise anfliegen bis auf 200 Meter und dann abdrücken. Im falschen Moment abdrücken, hiess… na was wohl. Die Konkurrenz stellte unsere Kameradschaft

oft auf die Probe. Kommandant Wilkowski behielt aber alles im Griff. »Das Letzte, was wir brauchen, ist Unstimmigkeit in der Truppe. Fehler diskutieren wir in der Theoriestunde, analysieren die Situationen. Es gibt keine Misserfolge, nur Fehler, aus denen ihr lernt. Keiner macht den anderen schlecht. Es geht immer um die Sache.«

Wir sahen das etwas anders, denn wir stellten uns einen Einsatz nur heldenhaft vor. Das Thema *Helden* mieden die Vorgesetzten. Auch über Angst, Versagen und Tod sprach keiner. In der Einheit wollte man gewinnen, auf der Siegerseite stehen.

Es war ein sonniger Morgen. Ich startete und flog aus korrekter Position das Ziel an. In Sichtweite fixierte ich es, die Signalflagge stand auf *all clear*. Ich tauchte ab zur Plattform, zog die Fahrradbremse, die die Schüsse auslösen sollte. Da passierte es! Die Fahrradbremse brach, rutschte mir aus der Hand und flog unter die Instrumente im Cockpit. Als ich mich nach ihr bückte, sackte der Flieger ab. Höchstens eine Sekunde hatte ich weggeschaut. In einem wundersamen Selbsterhaltungstrieb konnte ich ein Abschmieren verhindern, indem ich mein ganzes Gewicht in den Sitz warf und am Steuerknüppel zog. Das Flugzeug fing sich kurz vor den Baumspitzen auf. Total verschwitzt und zitternd landete ich. Der Instruktor glaubte an einen üblen Scherz.

»Sind sie wahnsinnig!«, brüllte er mich an.

»Die ist einfach weggerutscht«, verteidigte ich mich

und hielt ihm die abgebrochene Fahrradbremse unter die Nase. Kopfschüttelnd entliess er mich, mit einem Puff an die Schulter: »Schwein gehabt, die bekommen was zu hören.« Die, das waren die Techniker.

An Abend tauchte eine Gruppe bulgarischer Piloten in Deblin auf für einen bewilligten Trainingskurs auf der *RWD8*. Über ihre exotischen Kleider grinsten wir und machten Witze im Versteckten. Doch das Fliegen beherrschte diese Truppe tadellos. Nowak erklärte ihnen in perfektem Englisch die Neuerungen der Maschine. Auch für sie eine neue Dimension. Für uns war es eine Gelegenheit, uns mit Kollegen auszutauschen. Wir verständigten uns mit den paar Brocken Englisch. Schon am Abend flogen sie wieder zurück.

»Was das wohl bringt?« meckerte Miki.

»Die wollen diesen Flugzeugtyp anschaffen«, bemerkte Leutnant Damasz, der Neue in der Truppe.

Am nächsten Tag landeten zwei tschechische Militärflieger in Deblin. Etwas Abwechslung in unserer Ausbildung, abgeschnitten von der Aussenwelt. Ob all der Unruhe bekamen wir das Gefühl, etwas sei im Gange, nicht los. Wir büffelten, übten, lernten, trainierten immer verbissener. Der vorher lange Marsch mit Vollpackung wurde verkürzt, zur kleinen Runde um das Flugfeld ohne Gepäck. Im Laufschritt nahmen wir diese willig unter die Füsse. Die Bewegung tat uns gut. In der letzten Augustwoche überschlugen sich die Meldungen im Radio. Das Wort Krieg wurde nun offen erwähnt. Es war Hochsommer, ein drückender Tag, als man uns erstmals zum Graben von Schützengräben im Wald hinter dem Flugfeld verdonnerte. Wir maulten, stiegen aber mit Schaufeln und Spaten ausgerüstet auf den Lastwagen, der uns zum kleinen Wald fuhr. Ausheben, abstützen, der Wald dient als Deckung, lautete der Befehl von Leutnant Damasz. Bestimmt und knapp kam dieser Befehl, doch man sah den Kummer in seinen Augen. Als wir ausstiegen, zirpte und summte der Wald. Wir inspizierten das Gelände. Er teilte uns in Gruppen ein. Leutnant Damasz war erst kurz zuvor zu unserer Einheit gestossen. Ein angenehmer Vorgesetzter, einer der nicht schrie. Er unterrichtete uns in Morsen, Funk und Englisch. Ein gemütlicher Mensch, etwas rundlich. Seine hohe Stimme liess jeden kurz aufhorchen oder grinsen, doch über seiner Gutmütigkeit vergass man diese Sonderheit. »Hier, diesen Hügel nehmen wir als natürlichen Wall, dahinter könnt ihr mit Graben beginnen« ordnete er an. Willig machten wir uns ans Werk, schwitzend und wortlos. Das Schweigen drückte mehr aus als hundert Worte. Ich hing meinen Gedanken nach. Wenn ich, um etwas zu ruhen, aufschaute, glänzten die nackten Oberkörper meiner Kameraden vom Schweiss im durchbrochenen Licht der Bäume. Ich dachte an meinen Vater. Vom *Gräben ausheben* schreibe ich ihm lieber nichts?

In den letzten Augusttagen schockten uns die Berichte am Radio über einen bevorstehenden Angriff der Deutschen auf Polen. Noch kehrten wir abends zurück, noch fand Unterricht und Training statt. Die Gefahr eines Kriegsausbruchs besetzte unsere Gedanken und Gefühle Tag und Nacht, versetzte alle in Aufruhr und Stress. Wie mochte so ein Angriff aussehen? In einem Krieg griff man als Erstes Flugplätze, Brücken, Eisenbahnlinien an. Waren wir auf dem Flugplatz Deblin noch sicher? Keiner von uns schlief mehr gut. Nachts diskutierten wir die Situation.

»Was auch kommt, wir werden für unser Vaterland kämpfen«, sagte Zeblik tapfer. Lip verzog sich ohne ein Wort auf seine Pritsche. Der arme Kerl sorgte sich um Frau und Tochter. Ich schlüpfte in den Unterhosen unter die Decke. Es war heiss. Das sonst schon fahle Licht im Schlafraum leuchtete noch fahler. Die Stimmung in der Truppe hätte nicht unterschiedlicher sein können. Die einen regten sich auf, andere verstummten und verzogen sich auf ihre Pritschen, wie ich. Ich zündete die Taschenlampe an und schrieb meinen angefangenen Brief an Vater weiter.

… Wir müssen hart lernen, die grossen Maschinen, die *RWD-8* sind jetzt dran und das Schiesstraining. Das ist manchmal lustig! Die kleinen Fallschirme, die wir knipsen müssen, um Treffsicherheit zu erlangen, sinken schneller als mir lieb ist. Es braucht Geschick. Wenn auf dem Filmstreifen nichts zu sehen ist, macht mich das wütend. Mit dem Fliegen werde ich immer sicherer. Es macht Spass, so über der Landschaft zu schweben, hast eine Übersicht wie sonst nie. Oft überkommt mich ein Gefühl von Freiheit wie eine Welle.

Ich bin so glücklich in der Luft, hoffe, das bleibt so. Weiss nicht, wann ich wieder nach Hause kommen kann. Wenn ein Angriff kommen sollte, bring Dich in Sicherheit! Ich werde hier gebraucht...
Miki lehnte sich zu mir rüber, hob mit einer Hand die Decke. »Heimweh«, flüsterte er.
»Brief an Vater. Was hältst du von den Gerüchten?«
»Klingt nicht gut, die Lage scheint ernst«, sagte er nachdenklich. So kannte ich ihn nicht. Ich vermisste sein Lachen. Gerade jetzt hätte ich seine Unbeschwertheit gebraucht. Aber es war nicht die Zeit dafür. Zu düster alles. Miki legte sich, einen Arm unter dem Kopf, ins Kissen. Er schaute mich an.
»Was denkst du?«
»Wir kämpfen, wenn sie angreifen. Die drängen wir zurück. Polen hat eine schlagkräftige Armee, gute Flugzeuge und eine super ausgebildete Fliegerstaffel, und wir gehören dazu, auch wenn wir mit der Ausbildung noch nicht fertig sind.« Seine Worte blieben bei mir hängen.
»Ja, klar, ich bin dabei. Wir können mitkämpfen, aber was macht die Bevölkerung? Die sind einem Angriff ausgeliefert.«
»Deshalb lernen wir so viel wir können, obwohl auch der Kampf in der Luft sicher kein Pappenstiel ist.«
»Es kommt jetzt auf jeden Mann an!« rief Waldimir plötzlich laut in den Schlafsaal.
»Wir halten zusammen!«, rief einer im hinteren Teil des Saals. Viele sprangen von den Pritschen, offenbar

konnte keiner schlafen. Plötzlich standen wir, die Truppe kampfwilliger Flugschüler, wie eine Eins vor den Pritschen. Auch Miki und ich: »Wir halten zusammen!« Der kollektive Schwur mit erhobenen Fingern!

1. September 1939 Kriegsausbruch

Ein schmaler Streifen Licht leuchtete im Osten. Noch war die Nacht nicht ganz vorbei. Als die Fanfare erklang, sprangen wir auf, als ob wir darauf gewartet hätten. Vor dem Frühstück in der Kabina mussten wir antreten, zusammen mit den Offizieren. Im Radio lauschten wir den Nachrichten. »Polen steht im Krieg! Heute Nacht wurde Polen von Deutschland angegriffen. Es erfolgten Angriffe auf Brücken, Bahnlinien und Städte.« Der scheppernde Ton passte zu dem, was berichtet wurde. Wir erstarrten! Keiner sagte ein Wort. Die ganze Mannschaft hielt den Atem an. Als die Landeshymne erklang, standen wir beisammen und sangen mit. Offiziere, Unteroffiziere, Küchenmannschaft, Fluglehrer und Flugschüler, alle mit der Hand auf der Brust. Als der Gesang verklang, standen wir fassungslos umher. Nun war es kein Gerücht mehr: Polen stand im Krieg mit Deutschland.

Kommandant Wilkowski ergriff erstmals in der Kantina das Wort: »Heute, am frühen Morgen, ist Deutschland in Polen einmarschiert«, meldete er tonlos. »Ab sofort kämpfen wir für unser Land, dazu brauchen wir jeden von euch: eure Kraft, euren Mut, euer Können! Ihr zieht euch, unter dem Kommando von Leutnant Damasz, in die Schützengräben zurück. Leutnant Nowak teilt Waffen und Munition aus. Nehmt an Nahrung mit, was euch zugeteilt wird. Nur das Nötigste der persönlichen Effekten, Logbuch, Wertsachen, Kleider.«

Stille! Stille? In unserem Innern schrie es vor Schreck, Wut, Angst. Doch wir räumten schweigend den Spind. Eine kaputte Uhr, einen Schreibstift, das Logbuch, die warme Jacke. Ich packte alles zu einem Bündel.

»So schnell kann es gehen«, flüsterte ich Miki zu.

»Komm Kamerad, der Befehl heisst *Weitermachen*. Wir wehren uns! Nun müssen wir zeigen, dass wir fliegen können!«

»Und das können und wollen wir auch«, kam es trotzig aus meinem Mund.

Schweigend zogen wir ab, ohne Murren, ohne lautes Wort. Wir wuchteten Gewehre, Munition, Gerätschaften, Küchenmaterial auf den Lastwagen, packten unsere privaten Bündel auf den Rucksack und fuhren los in unsere Schützengräben. Eine Reise ins Ungewisse! Als die ersten *Heinkel* und *Dorniers* über den Flugplatz Deblin die ersten Bomben abwarfen, lagen wir gut getarnt im Wäldchen in den Schützengräben. Schaudernd blickten wir auf die Feuerbälle, hörten das scheppernde Bersten der Flugzeuge, das Heulen der Feuerwehr, sahen den Rauch. Angreifende Flugzeuge mit Gewehren abzuschiessen, hätte keinen Sinn gemacht, wir hätten uns nur verraten. Zwei Flugzeuge unserer Flotte stiegen auf. Diese tapferen Piloten riskierten ihr Leben, doch sie konnten nichts ausrichten. Unsere Flugzeuge waren zu langsam, sie vermochten den Angreifern nicht zu folgen. Zwei Flugplatzgebäude wurden getroffen, ein Hangar mit Maschinen und Material. An eine Rückkehr war nicht mehr zu denken. Die Angreifer verschwanden so schnell wie sie aufgetaucht waren, nur ihr Brummen blieb weiter in den Ohren. Jederzeit bestand die Gefahr eines weiteren Angriffs. Gelähmt vor Schreck stand ich langsam auf, blickte ins Gesicht von Lip. Seine aufgerissenen Augen im bleichen Gesicht spiegelten sein Entsetzen. Es passte zu meinem Zittern in den Gliedern, vielleicht sah ich genauso geschockt aus. Dieser Graus begann ohne unser Zutun, ohne unsere Stimme. Eine Entscheidung weit weg von unseren Träumen, getroffen, um alles zu zerstören. Wir klopften uns die Erde aus den Kleidern. Eine Machtlosigkeit packte mich unvermittelt, doch sie verebbte in der Schockstarre. In dieser Schockstarre verbrachten wir die nächste Nacht, wie Erdhörnchen in ihren Höhlen. Man hörte das Ack-Ack von Granaten, gefolgt vom furchterregenden Pfeifen der Schrapnells. Das Bombardement der Eisenbahnlinie, der Bahnhöfe, der Brücken hatte begonnen. Es liess uns jedes Mal zusammenzucken, die Angst kroch in uns, wie ein Gift, das sich langsam verteilte und uns lähmte. Als es hell wurde, kreuzten weiter Kampfflieger am Himmel, deutsche wie polnische. Eine Nacht der Angst und der Bomben. Ich versuchte meine Gedanken zu ordnen, als Kommandant Wilkowskis Stimme mich erreichte:

»Soldaten, an eine Rückkehr auf die Flugbase ist nicht zu denken. Jederzeit besteht die Gefahr eines weiteren Angriffs. Haltet euch einsatzbereit. Die Armeeleitung zieht sich zur Beratung zurück. Anordnungen folgen.« Wir standen wortlos da. In mir rumorten fürchterliche Gedanken.

Miki traute sich unsere Schockstarre zu durchbrechen: »Das war heftig«, sagte er mit gedämpfter Stimme, »zerstörerisch, habe nicht erwartet, dass mir das so einfährt«. Sein Gesicht war ganz weiss, doch seine Augen blickten entschlossen.

»Das lassen wir uns nicht bieten!«, knirschte er durch die Zähne.

»Was tun wir jetzt?« Zeblik blickte fast wütend um sich. Miki zuckte mit den Schultern, »werden sehen« und zeigte Richtung der Kommandanten. »Die beraten jetzt, wie es weiter geht. Mehr weiss ich auch nicht. Aber soviel von mir: Wir wehren uns, kämpfen, wir halten zusammen.« Alle standen auf. Wir legten uns die Arme um die Schultern und riefen im Chor »Wir kämpfen für Polen.« Ich stand zwischen Piotr und Wladislaw, und mir war, als ich den Arm um Wladislaw legte, als ob auch er zitterte. Das taten wohl alle? Den nächsten Tag verbrachten wir in den Gräben, gruben weiter. Es war besser als nichts tun. Ab und zu kreuzten Flieger am blauen Himmel, meist deutsche, manchmal ein polnischer. Es musste was geschehen. Die Gefahr bestand, dass ganz Deblin unter Beschuss kommen könnte. Als Kommandant Wilkowski uns mitteilte, die Truppe würde den Flugplatz verlassen, wunderte uns das. Wohin? Darüber liess man uns im Ungewissen.

»Wo sollen wir hin? Wir wollen kämpfen für Polen«, wagte Miki einzuwenden, als dieser Befehl kam.

»Dazu werdet ihr kommen, aber nicht hier«, seine für uns unverständliche Antwort. »Wir ziehen uns Richtung Süden zurück. Die Lastwagen folgen uns nach, wenn sie aufgetankt sind.«

Miki schüttelte nicht als einziger den Kopf. Die Suche nach Benzin, sicher eine gefährliche Fahrt, auf dem Flugplatz brannten die Zapfsäulen noch immer. Ein deprimierender Anblick! Bei einbrechender Dunkelheit machten wir uns zu Fuss auf den Weg. Die Lastwagen waren nicht aufgetaucht, also buckelten wir alles, was wir tragen konnten, schulterten die Gewehre und marschierten schweigend los. Keiner mochte sprechen, jeder marschierte in seine Gedanken vertieft. Das Geräusch der Schritte gab den Rhythmus vor. Jeder glaubte an unsere Armee, an eine erfolgreiche Verteidigung, an die Stärke Polens. Doch nun, wo alles attackiert und bombardiert wurde, Brücken, Bahnhöfe, Industriegelände, Infrastrukturen wie Schulhäuser und Spitäler, stiegen Zweifel hoch an unserer Stärke. Wegen der Angriffe konnten wir unsere Flucht nur im Schutz der Dunkelheit fortsetzen. Die Dörfer umgingen wir, denn Proviant war noch da.

»Seid wachsam, jeder Hinweis kann Leben retten«, gab Leutnant Nowak durch. Wir marschierten durch die Nacht, der Himmel glühte von den Bränden. Kam die Morgendämmerung, deckte sie die Verwüstungen auf. Wir schritten durch rauchende Zeugnisse des Krieges, schliefen tagsüber in Scheunen und Wäldern. Sobald die Nacht anbrach, liefen wir los, bis die Sonne am Horizont aufging. Unsere Lastwagen tauchten nicht auf. Mit unseren Gedanken allein, liefen wir schwerbeladen, wussten nicht wohin es ging und was der Plan war; nur die Richtung war klar, nach Süden. Ein Marsch in die Ungewissheit, durch Dreck und Gefahr. Jeder Schritt weg von meinem Vater trieb einen Keil in mein Herz. Der Glaube nach Rückkehr und Normalität wurde mit jedem Schritt kleiner wie die Hoffnung an eine Chance. Den anderen ging es nicht besser. Aus einer ausgelassenen Bande Jungs wurde eine schmutzstarrende Truppe Verzweifelter.

Nach drei Tagen überliess uns ein Bauer sein Pferdefuhrwerk. Ob auf Bezahlung oder Befehl blieb uns verborgen. Dies erleichterte es uns, das Material zu transportieren, zudem konnten die zwei erkrankten Kameraden auf dem Gefährt liegen. Trotzdem ging es nur stop and go vorwärts. Die grosse Herausforderung, sich nachts zu bewegen, tagsüber ein halbes Hundert Mann zu verstecken, war schwierig. Manchmal hatten wir Glück, fanden bei einem Bauern in der Scheune Unterschlupf. Das Wenige, was es zu essen gab, hob jeweils die Stimmung. Die Bauern taten uns leid, sie teilten, was sie besassen, und doch reichte es nicht, unseren Hunger zu stillen. Kinder schauten uns mit verschreckten Augen an, drängten sich in eine Ecke. Ein kurzes Streicheln übers Haar zauberte ein

Lächeln auf ihr Gesicht. Sonst schliefen wir zusammengedrängt in Kellern, unter kleineren Brücken oder im Wald. Wachen mussten aufgestellt werden. Als das Gerücht aufkam, Saboteure würden die Dörfer infiltrieren, hiess es vermehrt Späher aussenden und Wachen aufstellen. Überall lauerte Gefahr! Die Flucht wurde immer gefährlicher. Ständig auf der Hut, quälten wir uns durch die Dunkelheit. Dies brachte uns an unsere Grenzen, mehr als wir je gedacht hätten. Unsere Flucht ging Richtung Rumänien. Kommandant Wilkowskis Plan war durchgesickert. Dies beruhigte uns in keiner Weise. Nur Leutnant Nowak schaffte es, Hoffnung zu verbreiten. Uns, den vierzig verzweifelten, schmutzigen und hungrigen Jungs, die keine Zukunft vor sich sahen! Meistens blieb die Angst unter Verschluss, doch für einige wurde die Spannung zu gross. So auch für Lip. Er schrie sie sich aus der Seele, aus dem Leib. Wir packten ihn und nahmen ihn in die Arme, bis er ruhig wurde und nur noch weinte.

Der Krieg war unerwartet gekommen, noch unerwarteter war das Tempo, mit dem er sich ausbreitete. Der Vormarsch der deutschen Truppen schockierte ganz Polen. Am fünften Tag begegneten wir einem verwundeten polnischen Soldaten. Am Rande seiner Kräfte erzählte er, die Deutschen hätten auf ihrem Vormarsch nach Warschau bereits Czestochowa erreicht. Viele Einwohner und Juden seien erschossen worden. »Dort steht die Kirche mit dem berühmten Bild der Schwarzen Madonna«, wandte Lip ein.

Das hiess, die Deutschen lagen nur etwa 100 km entfernt von uns. Mit dem Rapport dieser Neuigkeit an die Truppenführung änderten wir die Route, verschoben uns mehr nach Südosten Richtung Weichsel, in der Hoffnung, die rumänische Grenze vor einer Begegnung mit dem Feind zu erreichen. Weshalb wollte Kommandant Wilkowski nach Rumänien? Gab es einen geheimen Plan? Miki, Wladimir, Zeblik und ich halfen, wo wir konnten, teilten die Lebensmittel in Rationen ein, keiner sollte mehr hungern als sein Kamerad.

Am 17. September erreichte uns der nächste Schock! Russland hatte Polen von Osten angegriffen. »Wie kommen wir da wieder raus!« rief Lip verzweifelt in die Luft! Er war nicht allein, der diese Frage stellte. Wir wussten alle, was das hiess. Die polnische Armee konnte vielleicht den deutschen Invasoren genug entgegensetzen. In die Zange genommen von zwei hochgerüsteten Heeren, in zwei Richtungen verteidigen, das war unmöglich. Nun mussten wir auf unserem Fluchtweg von zwei Seiten auf der Hut sein. Glücklicherweise ergatterten wir in einem Dorf einen alten Autobus. Unsere Techniker konnten ihn flott machen. Mit diesem wackeligen Vehikel kamen wir zwar schneller voran, aber nicht unbedingt sicherer. Um die Spannung auszuhalten, sangen wir während der Fahrt alte Lieder aus der Schule. In stockdunkler Nacht fuhren wir fast im Schritttempo über Feldwege Richtung rumänische Grenze. Bei jeder Kreuzung musste einer zu Fuss vorausgehen, die Fahrt absichern. Aus Vorsicht fuhren wir möglichst ohne Licht. Miki und ich lehnten aneinander und dösten, als plötzlich das Fahrzeug stoppte. Der Fahrer schaltete die Motoren aus. Leutnant Nowak, der immer vorne sass, stieg aus, hinter ihm Kommandant Wilkowski. Was war los? Aufregung! Fragen! Alle guckten nach vorne. Da stand ein Mann im fahlen Licht der Taschenlampe! Er winkte. Gestikulierend erzählte er Nowak, im nächsten Dorf, nur ein paar hundert Meter von hier, halte eine Truppe einen Weiler besetzt. Ob Russen oder Deutsche wusste er nicht. Seine Worte wurden von den vordersten weiter nach hinten gegeben. Wir hörten nur sein Murmeln, bis auch wir ausstiegen. Zwei Späher wurden bestimmt und ausgeschickt, Wladimir und einer, dessen Namen ich nicht kannte. Sie verschwanden in der Dunkelheit hinter dem Mann her. Wenn wir genau hinhorchten, konnte man leises Schnauben von Pferden, Geräusche und Rufe hören. Als die Späher zurückkamen, bestätigten sie die Meldung. Soldaten seien es und nicht wenige. Vielleicht eine Verpflegungstruppe.

Leutnant Nowak ordnete, nach Rücksprache mit Kommandant Wilkowski und Leutnant Damasz, mit leiser Stimme an, umzudrehen. Wir wendeten den Lastwagen mit Muskelkraft geräuschlos aber schweisstreibend, schoben ihn vorwärts, bis die Lichter des Weilers hinter dem Wald verschwanden. Dann startete der Fahrer den Motor. Immer auf der Hut, umfuhren wir den Weiler. Die Gefahr liess uns zusammenwachsen. Offiziere, Flugschüler; es machte keinen Unterschied. Oft stellte sich der Routenvorschlag eines Flugschülers als Glanzidee heraus. Jeder half jedem, es galt durchzukommen. Diese Flucht Richtung Grenze empfanden wir als Schmach, als Kapitulation. Was erwartete uns? Wo war unser Traum vom Fliegen geblieben? Am 20. September erreichten wir die rumänische Grenze. Es tat uns im Herzen weh, unser Land ohne Kampf durch die Hintertüre zu verlassen, aber was sollten wir tun, was sollten wir alle tun? Es wurde Zeit, dass uns die Führung über ihren Plan informierte.

Rumänien

Erst beim Grenzübertritt wurde uns richtig bewusst, in welch ernster und gefährlicher Lage wir uns befanden. Eine Armeeeinheit, die an der Grenze eines Nachbarlandes auftaucht, bedeutet Angriff. Wir waren nicht willkommen.

»Gewehre abgeben«, befahl uns Kommandant Wilkowski kurz. Leutnant Nowak klärte uns auf, endlich: »wir verlassen Polen, unser Land, um zusammen mit einer anderen Armee die Angreifer zu besiegen. Frankreich und Grossbritannien stehen zu Polen, sie sind im Gespräch.«

Mit dieser Erklärung stellten wir uns dem Akt, unsere Waffen abzugeben, nicht mehr entgegen. Ohne Murren übergaben wir die Gewehre den rumänischen Grenzern. Verzweifelt, schmutzig und abgemagert standen wir da. Wo war sie geblieben, unsere stolze Flugstaffel?

»Im Krieg schaut jeder für sich«, murmelte Zeblik.

»Sieht so Verteidigung aus, kannst du vergessen,« maulte Wladimir voller Wut. Zeblik stellte die uns alle beschäftigende Frage: »Ist der Krieg um Polen bereits verloren, bevor wir jemals eingreifen konnten?« Er raufte sich die Haare und Miki ballte die Faust.

»Unsere alliierten Freunde haben unserem Präsidenten Asyl gewährt. Wir hoffen auf die Chance, mit ihnen gegen die Feinde zu kämpfen, damit erhöht sich die

Schlagkraft«, versuchte Leutnant Nowak uns zu beruhigen. Das zog! Sofort kam wieder Leben in unsere Truppe.

»Von den *Hurricanes* der Royal Airforce evakuiert zu werden, das wäre ein Ding«, meinte Miki.

»Die warten irgendwo auf uns«, freute ich mich.

»Wie stellst du dir das vor?« Lip schüttelte über dieser Meldung den Kopf.

Das kleine rumänische Dorf nach der Grenze, in dem wir müde und mit wenig Hoffnung eintrafen, erinnerte mich an Irena, das Dorf im Niemandsland, in der Nähe von Deblin. Ob es noch existierte? Auch hier lehnten sich die kleinen Häuser aneinander in buntem Durcheinander, drängten sich um den Dorfplatz. Man lebte vom lokalen Handel. Die Ankunft unserer Truppe belebte das Geschäft. Schnell baute sich ein kleiner Markt vor unseren Augen auf. Kauf- und Tauschgeschäfte von Waren verwandelten den vorher leeren Platz in ein reges Durcheinander.

»Ich muss an etwas Essbares kommen, bin am Verhungern. Vielleicht kann ich meine Uhr verkaufen. Mal sehen was die einbringt!«

»Die läuft ja nicht mehr, dafür kriegst du nichts«, meckerte Wladimir.

»Ist immerhin eine Schweizeruhr, Omega, die kann man flicken.«

Der Händler, dem ich sie vorlegte, drehte sie in der Hand und versuchte den Jahrgang zu entziffern. Er lachte: «die ist ja kaputt«, sagte er auf Polnisch.

»Woher können sie Polnisch?«
»Hab mal in Krakau gearbeitet. Woher kommst du? Wieviel willst du dafür?«
»Aus Torun!«
»Ah, die Stadt von Kopernikus, da möchte ich mal hin. Aber jetzt ist bei euch Krieg.« Er schaute wieder auf die Uhr. »Fünfzig Lei, mehr ist die nicht wert.«
Ich hatte keine Ahnung, wieviel Wert 1 Lei hatte, und ging mal auf 100 Lei hoch. Er schüttelte den Kopf. »Mit sechzig Lei bin ich einverstanden.«
»Achtzig«, versuchte ich den Preis hochzudrücken.
»Siebzig, weil du aus Torun bist«, grinste der Händler, »das ist mein letztes Angebot.« Er streckte mir seine Hand hin, rau und braungebrannt.
Ich schlug ein.
»Was spürt ihr hier vom Krieg?«
»Nichts ausser den Flüchtlingen, Zivilisten wie Militär.« Ich streckte ihm die Uhr hin, er mir die siebzig Lei. »Es kommen immer mehr.«
»Wir bleiben nicht, wir ziehen weiter. Für das Geld kaufe ich Brot und Schinken«, sagte ich, doch er hatte sich bereits weggedreht. Schade, ich hatte vergessen ihn nach dem Namen zu fragen.
Da sah ich Miki. Seine Jacke hatte ihm auch nur zweihundert Lei eingebracht.
»Da habe ich ja ein Schnäppchen gemacht«. Ich zeigte ihm meine Noten.
Er zuckte mit den Schultern: »Der Hunger hat gesiegt« lachte er. »Der Krieg spielt eben seine eigene Musik.«

Wir machten uns auf, Essbares zu kaufen. Ich erstand für 10 Lei einen duftenden Laib Brot und Schinken, wie ich es mir gewünscht hatte, und für weitere 5 Lei Schokolade. Miki kaufte ebenfalls Brot, dazu Wurst und eine Flasche Vodka.
»Der ist aber sündhaft teuer!«
»Dafür heitert er auf!« Wir setzten uns auf eine Mauer am Marktplatz und bissen mit Heisshunger in unsere Brote. Miki schlug zu wie ein Scheunendrescher.
»Spar dir was für später«, riet ich. »Weshalb?«
»Soll noch Suppe geben, hat Damasz versprochen.«
»Das ist unsicher! Was ich im Bauch hab ist drin.« Er spülte mit einem Schluck Vodka nach, streckte mir die Flasche hin.
Ich schüttelte den Kopf, denn mir war vor Hunger schwindlig.
»Für die Nacht sind wir in der Militärbaracke da hinten einquartiert.« Zeblik trat zu uns, er hatte sich schon informiert. »Auf Holzpritschen mit einer Wolldecke.«
Die Suppe ging im Chaos unter, wie Miki vorausgesehen hatte. Durch Vodka ersetzt wankte er leicht zur Unterkunft. Ich wickelte mich in die Wolldecke ein. Doch die harte Unterlage hinderte mich am Einschlafen, Miki schnarchte bereits, und mich quälten Gedanken an meinen Vater. In meinem Ohr setzte sich das Brummen in der Ferne fest. Geräusche der Front? Brummte es in Torun ebenso? Ich zog die Decke über den Kopf, hundemüde, doch es dauerte noch, bis mein

inneres Zittern nachliess, ob der Angst um meinen Vater. Uns hatte ein sicheres Land aufgenommen. Durch meinen leichten Schlaf plätscherte das Donauwasser an unserer Holzbaracke vorbei.
Am Morgen erwachte ich und fühlte ein ekliges Jucken. Ich setzte mich auf und zog die Ärmel nach hinten. Von Mückenstichen übersäht kratzte ich im Nacken, an den Armen. Zeblik hatte keine Stiche, Miki nur ein paar. Ungerecht! Die Viecher hatten mich gestochen, wo sich nacktes Fleisch zeigte. Im Schlaf hatte ich davon nichts bemerkt. Ich strich Spucke darüber, was etwas half. Gut ging es weiter nach Tulcea, der Stadt im Donaudelta, welches sich bis zum Schwarzen Meer ausdehnte. Jetzt kamen wir mit unserem Bus schneller vorwärts, konnten tagsüber fahren. Tulcea war eine hübsche Stadt, mit Schiffen im Hafen, auch die der Flussmarine. Es roch nach Salz, Seetang, Möwen kreisten schreiend. Das nahe Meer konnte man riechen. Eine helle, heitere Stimmung lag über der Stadt. Der Fluss, leicht im Nebel, verbreitete eine Mischung aus Melancholie und weite Welt. Ich hatte das Meer noch nie gesehen und ersehnte diesen Moment. Alle, die ich kannte, dichteten ihm Erhabenheit, Weite und Ewigkeit an. Das Wasser des Deltas mäanderte überall hin. Auch hier quälten mich Mücken! »Sauviecher«, schimpfte ich und schlug um mich. Eine reiche Vogelwelt, unberührte Landschaft, doch mir konnte sie gestohlen bleiben.
Miki tauchte mit Zeblik auf. Habt ihr das Meer schon

mal gesehen? wollte ich fragen. Doch Miki kam mir mit seinem Lieblingsthema zuvor. »Hab einen Tipp bekommen, wo es günstig Futter zu kaufen gibt.«
»Du bist eine wandelnde Lebensversicherung«, witzelte Zeblik! Wir machten uns auf zu jenem Hinterhof, wo in offenen Kisten Waren angeboten wurden. Büchsen mit Bohnen, Kraut, Erbsen und Rüben, frische Äpfel und Birnen, es war Herbst. Auch Tabakwaren, Süssigkeiten und Alkohol standen in der Auslage.
»Büchsen sind prima, da ist alles bereits gekocht.« Miki versuchte zu lesen, konnte aber nur dem Bild nach auswählen. Grosszügig kauften wir ein. Neben Lebensmitteln auch Zigaretten und Vodka für die Weiterreise. Beladen mit unseren Schätzen kehrten wir zur Strasse zurück. Eine Gruppe Mädchen ging vorbei. Miki versuchte, mit Pfeifen und Gestikulieren eine Anmache. Die Mädchen blickten nur kurz zu uns, verschwanden dann in einer Gasse. Grosses Gelächter. Gegen Mittag fühlte ich mich müde und abgeschlagen. Ich verzog mich auf meine Pritsche und schlief ein. Schlotternd erwachte ich am frühen Abend, obwohl draussen immer noch milde Temperaturen herrschten. Die ganze Nacht zitterte ich, schwitzte oder fror. Am Morgen war ich zu schwach zum Aufstehen. Ich meldete mich krank. Ein Arzt wurde gerufen. »Malaria, ist normal hier«, meinte er lakonisch. Er verschrieb mir Fiebermittel, Chinin und Bettruhe. Schon das mir fremde Wort legte mich lahm. Kraftlos lag ich auf meiner Pritsche, ein Krankenzimmer gab

es nicht. »Das ist wohl ein Witz« begehrte ich auf, »während der Flucht im Bett liegen, das geht gar nicht.« Der Tag zog zäh dahin. Ausser der Wache, die mir Tee und etwas Suppe brachte, sah ich einmal Lip, dann kamen Zeblik, Wladimir und Miki vorbei. Ich wankte zur Latrine, wollte mich zu den anderen gesellen, legte mich aber freiwillig wieder hin. Tags darauf bekam ich Gesellschaft. Lip, Wladimir und Zeblik und einige andere unserer Truppe wurden von einer Art Ruhr befallen. Eine ziemlich ungemütliche Situation. Das blieb mir erspart. Wir schliefen meist, ruhten, und keiner hatte Lust zu schwatzen. Die Krankheitsfälle stoppten unsere Flucht für einige Tage. Der Hunger, die Märsche hatten an unserer Substanz gezehrt. Wir waren dünn und ausgezehrt. Als mein Fieber sank, vermochte ich wieder länger aufzustehen, stand aber noch wackelig auf den Beinen. Miki blieb gesund. Mit nie versiegendem Humor erzählte er uns Witze.

»Das stärkt die Gemeinschaft«, erklärte er. «Was noch kommt, wissen wir nicht. Wenigstens haben wir jeden Tag einmal gelacht.«

»Dafür bin ich dir dankbar« nuschelte Zeblik unter seiner Decke hervor. »Ich wäre lieber daheim, bei Maya. Da hätte ich was zu lachen.« Lip lag ganz durchsichtig auf seiner Pritsche.

»Dazu kommst du schon noch, wollen wir doch hoffen« ermunterte ihn Miki. »Vielleicht sind wir Weihnachten schon wieder daheim.«

Das hoffte jeder im Stillen. Am Sonntagnachmittag in Tulcea schaffte ich es, wieder länger aufzustehen. Ich ging zum Hauptplatz, wollte sehen, wo die andern sich aufhielten. Mit einem Mal kamen von allen Seiten her Menschen auf den Platz. Die Frauen trugen bunte Trachten mit bestickten Miedern, die Männer enge, lange Hosen mit farbigen Quasten und übergeworfenem Kasak. Sie begrüssten einander herzlich, manche umarmten sich. Zusammen formten sie einen Kreis, legten sich die Hände auf die Schultern. Zwei Musikanten, einer mit einer Flöte, der andere mit einer Trommel, begannen eine ruhige, rhythmische Melodie zu spielen. Männer und Frauen setzten sich in Bewegung. Mit kleinen Schritten seitwärts fingen sie an, im Kreis zu tanzen. Die Schritte schien jeder zu kennen. Mühelos wiegten sie sich in der sich wiederholenden Melodie, in einer fast sakralen Monotonie. Ich schaute gebannt zu, war fasziniert. Der Tanz berührte mich, er war wie ein Gebet. Eine Ruhe breitete sich aus in mir. Ein Mann öffnete den Kreis während des Tanzes und winkte mir, mitzutanzen. Ich war so überrascht, dass ich seine Einladung annahm. Ich trat in den Kreis und versuchte mich in die Schritte einzufinden, was mir schnell gelang. In der Gemeinschaft der Tanzenden fühlte ich mich aufgehoben. Die Schrittfolge war einfach. Mittanzen in einer Gruppe kannte ich nicht. Dieses sanfte Wiegen und die Melodie versetzten mich in eine Art Trancezustand. Ein Gefühl von Gemeinsamkeit erfüllte mich. Anfänglich richtete

ich die Augen auf die Füsse, später ging ich intuitiv mit. In diesem einfachen Tanz verspürte ich Kraft, Verbundenheit. Als die Musik verstummte, blieben alle einen Moment stehen, dann löste sich der Kreis auf. Ich bedankte mich etwas benommen, lächelte den Mann an. Er klopfte mir auf die Schulter. Lange blieb ich noch stehen. Das sanfte Wiegen, der Rhythmus hatte mich mit Kraft gefüllt, mit Zuversicht, mit Hoffnung. Da sah ich Miki, Lip und Zeblik beieinanderstehen. Die zwei Genesenen, ebenfalls noch wacklig.
»Wie hat es sich angefühlt«, lachte Miki mich an.
»Tanzen wäre eine gute Form von Friedenschliessen. Da merkst du, dass du nur ein kleines Steinchen im Gefüge des Ganzen, der Schöpfung, bist.«
»Masz der Philosoph«. Zeblik grinste mich an. Ich versetzte ihm einen Puff. Noch in der Nacht auf der harten Pritsche fühlte ich das Wiegen, die Ruhe, den Frieden in mir.
Wir lebten von Gerüchten! Wir hörten viel, wussten nie, was zutraf, wie es weiterging. So sickerte am Abend durch, unsere Truppe habe vor, sich bis Frankreich durchzuschlagen. Jeder hatte was gehört, jeder wusste mehr, jeder hatte seine Version. Vielleicht war es einfach Verzweiflung, die die Hoffnung nährte!
»Da müssen wir hin, damit steigen unsere Chancen«, liess Miki verlauten. Er hatte immer sofort eine Meinung, zu allem, was mir manchmal arg auf den Geist ging. Trotzdem, ein guter Freund war er! Irgendetwas war wirklich im Gange, das spürte ich auch. Wir

begegneten täglich mehr Flüchtlingen. Sie erzählten Unheilvolles über Polen. Unser Präsident sei in Rumänien. Rumänien hätte sich neutral erklärt. Die Ungewissheit beunruhigte uns.

So waren wir froh um den Befehl, am nächsten Tag Fotos von uns knipsen zu lassen, und zwar in Schuluniformen, die uns zur Verfügung gestellt würden. Damit würde man uns Papiere ausstellen. Und so geschah es. Am Morgen mussten wir unsere Militärklamotten einpacken und eine Schuluniform anziehen. Mit dem Papier und einem Bahnticket im Sack, schickte man uns los zum nächsten Provinz-Bahnhof. Von da sollte uns der Zug nach dem gut zweihundert Kilometer südlich gelegenen Baltschik ans Schwarze Meer bringen. Es sei eine Solidaritätsaktion der Bevölkerung von Tulcea, die uns wohlgesinnt sei. Unsere Vorgesetzten, allen voran Kommandant Wilkowski, hatten gute Arbeit geleistet. Doch Vorsicht war geboten, es gab immer noch die Gefahr von Spähern. Auf dem Weg zur Bahnstation versteckten wir uns in Bauernkarren unter Stroh und Säcken. In der letzten Kurve vor der Bahnstation liessen uns die Bauern aussteigen. Wir bedankten uns, klopften die Strohhalme aus den Kleidern, setzten die Studentenmützen auf und gingen lachend, ein paar Brocken Rumänisch austauschend, zum Bahnsteig. Kaum Menschen unterwegs. Der Zug fuhr zuckelnd ein. Wir setzten uns in die spärlich besetzten Wagen. Mit unserer Kurzhaarfrisur und den Schuluniformen hoben wir uns als Studenten von der Landbevölkerung ab. Da wir kein Rumänisch sprachen, versteckten wir uns hinter rumänischen Zeitungen oder schauten schweigend durchs Fenster. Sprechen war verboten. Viele gaben vor zu schlafen, das war unverdächtig. Nach drei Stunden Zugfahrt, die uns wie eine Ewigkeit vorkam, erreichten wir Baltschik.

Angekommen, teilte man uns in 3er- und 4er-Gruppen ein und wir durften private Unterkünfte beziehen. Wilkowski, Nowak und Damasz waren bereits vor Ort. Jede Gruppe wurde einer Familie zugeteilt und bezog einen Raum. Ich verpasste es, mit Miki in derselben Gruppe einen Platz zu ergattern. Doch das, was uns erwartete, war so wundervoll, es spielte keine Rolle. Ein Bett, eine Dusche, angenehm warm. Die Leute empfingen uns freundlich und zeigten uns den Weg zum Meer! Und da lag es vor uns! Trotz der kühlen Witterung zogen wir die Schuhe aus, rannten über den Sand bis zum Wasser. Leise plätschernd schwappte das Wasser über unsere Füsse. In tausend kleinen Bläschen versickerte es, verschwand im Sand, bis die nächste Welle eintraf. Für mich hatte das Kommen und Gehen der Wellen etwas von Ewigkeit. Ich setzte mich in den Sand. Für einen Moment überliess ich mich dem Rhythmus der Wellen, bis Lip hinter mich trat und sagte: »Das ist es jetzt, das Meer!« Er fasste diesen erhabenen Moment in einfache Worte.

»Wenn du dir vorstellst, dass auf der anderen Seite die Türkei liegt«, meinte Miki, der neben ihm auftauchte.

»Woher weisst du das« fragte Zeblik überrascht, der Dritte hinter mir.

»Warst du mal in der Schule?« Ich sprang auf und rannte nochmals in die Wellen, streckte die Hand ins Wasser und leckte sie ab. »Salzig, definitiv kein Trinkwasser.«

»Das war ja wohl klar!« Zeblik rührte mit beiden Armen durch die Wellen, verspritzte seine ganze Vorderseite. Wir legten uns zum Trocknen an die Sonne. Die Promenade breitete sich als weitgeschwungene Bucht aus, umarmte das Wasser. Der Geruch von Salz, Fisch und Tang lag in der Luft, die gekräuselte Meeresoberfläche, die Wellen, die sonnige Weite liessen uns richtig aufleben.

»Eine Luft, so würzig gesalzen wie diese, kann nur gesund sein.« Wladimir stand plötzlich da, er sah in seinen langen Unterhosen zum Brüllen aus. Er liess sich den Gang ins Wasser aber deshalb nicht vermiesen und wollte gerade ins Meer, als Miki hinter ihn trat und sagte: »Du warst noch nicht im Wasser.« Wir packten ihn, und unter Rufen und Geschrei bugsierten wir ihn in die Wellen, wo er seine Taufe mit Fassung entgegennahm. Die Feriensaison war vorbei, am Strand befanden sich keine Sonnenanbeter mehr. Im Oktober kein Wunder! Überwältigt von der Schönheit des Meeres und froh über den Freigang, schlenderten wir, noch etwas feucht, dem Strand entlang Richtung Altstadt. Die ehemals bulgarische Küstenstadt, pulsierend, fröhlich und elegant, begeisterte uns. Einheimische belebten die Plätze, kaum Touristen. Wir tauchten ein in bunte Gassen mit herrschaftlichen Häusern, flanierten zwischen Händlern und Ausrufern, guckten in die Auslagen der Geschäfte, setzten uns in Kaffees. Nach dem langen Mangel während der Flucht und der in der Ausbildung in Deblin fast mönchischen Abgeschiedenheit ein Schlaraffenland für uns. Und dass uns gerade jetzt Sold ausbezahlt worden war, passte bestens. Wir sogen diese Freiheit auf. Ich hatte zum ersten Mal in meinem Leben Polen verlassen.

»Hauen wir auf die Pauke?«, fragte Miki in die Runde. »Zgoda!«, einverstanden, rief Jakub, der auch noch zu uns gestossen war. »Zgoda!« stimmten wir ein und setzten uns in ein Restaurant.

»Wahnsinn, am Meer spazieren, in einem Restaurant essen, mit Geld in der Tasche!« Lip konnte es kaum fassen. »Das muss ich Inge erzählen.«

»Keine Briefe, du weisst das!« Zeblik blickte so streng wie Kommandant Wilkowski. Ein Gelächter! Es war lange her, dass wir uns so frei gefühlt hatten. Wir liessen uns bedienen, assen fremde Gerichte, tranken duftenden Tee, er war billiger als Alkohol. Ein Gefühl der Leichtigkeit überkam uns. Der Krieg war weit, weit weg. Und doch lag sein Schatten uns wie Pech auf der Seele. Unser Ziel war klar: Frankreich! Darauf brannten wir! Aber dieser Moment tat unglaublich gut. Als wir uns nach dem Ausgang zur Besammlung begaben, gab Kommandant Wilkowski grosse Neuigkeiten bekannt.

»Wir konnten ein Schiff chartern, die Patria, ein griechisches Frachtschiff«, verkündete er mit fester Stimme. »Dieses Schiff wird uns nach Frankreich bringen. Unser Kapitän ist Grieche, er kennt sich bestens aus auf dieser Route. Auf dem Schiff stehen wir unter seinem Kommando. Leutnant Nowak organisiert Lebensmittel und Wasser für die Überfahrt. Leutnant Damasz ist für das Laden verantwortlich. Euer Teil ist die Beschaffung der Lebensmittel mit Leutnant Nowak zusammen. Die Beladung des Schiffs für die Überfahrt mit Leutnant Damasz. Morgen Abend fahren wir los. Die Abfahrtszeit wird noch durchgegeben.«

Als wir am nächsten Morgen, im Hafen ankamen, lag die Patria als drittes Schiff am Pier. Blauer Schriftzug auf weissem Grund, ein mittelgrosses Frachtschiff. Rost zog sich entlang der Wasserlinie, oder waren es Muscheln? »Kein Komfort, aber sicher seetüchtig«, meinte Piotr. Keiner kannte sich mit Schiffen aus, so widersprach auch keiner. Für alle war die Hauptsache: weiter Richtung Westen! Leutnant Nowak erstellte Einkaufslisten, eine Gruppe machte sich auf den Weg zum Markt. Miki trug ich auf, für mich eine lange Salamiwurst und Wodka zu erwerben. »...damit die Keime dich nicht töten, sondern du sie?«, lachte er. »Wirst noch froh sein, kannst du auch mal einen mitkippen.«

»Kann sein! Etwas Desinfektion ist sicher nicht schlecht.«

Wir, Leutnant Damasz unterstellt, verpackten das eintreffende Material, erstellten einen Ladeplan. Dazu mussten wir das Schiff erst auskundschaften. Ich notierte alles in ein Heft, um das tägliche Verteilen am besten zu bewältigen.

Vor der Einschiffung packten wir alle mit an. Genau nach Plan stapelten wir Lebensmittel, Wasser und alles Material für die Reise. Am Pier hatte sich eine Menschenmenge gebildet. Kinder rannten umher, versuchten eine Leckerei zu erhaschen, was ihnen auch gelang. Mit viel Geschick verstauten wir die grossen Mengen an Proviant. Es blieb kaum Platz für uns. In jede Lücke zwischen Tonnen und Kisten, Säcken und Kanistern zwängten sich Gruppen.

»Eng hier«, keuchte Wladimir mit einem Wasserkanister auf den Schultern, seinen persönlichen Effekten unterm Arm. Er war der kräftigste in unserer Gruppe. Ich nahm das Zepter in die Hand, mit Jakub, der sich noch zu uns gesellt hatte, und Lip. Da ich das Schiff auskundschaftet hatte, schlug ich eine bequeme Ecke vor, im Heck des Schiffs. Da installierten wir uns für die Fahrt, die einige Tage dauern würde.

Die unheimlich grosse Menge Wasser unter dem Schiff flösste mir Respekt ein. Was, wenn das Schiff leck ging? Was, wenn ein Sturm kam? Waren wir auf dem Meer angreifbarer? Noch nie auf einem Meerschiff unterwegs, kam mir das Heck am sichersten vor. Sogar Miki hielt den Mund. Wir staunten über die vielen Seile, die dicken Taue, die Aufbauten, den Anker. Es gab nur zwei stille Örtchen, das konnte eng werden. Unter Deck stapelte sich Material in jeder Ecke. Enge mochte ich nicht. Von den geräumigen Häusern, in denen ich gelebt hatte, war ich Platz gewohnt. Auch gaben mir die Menschen im Dorf, in der Stadt und der Kirche damals Sicherheit. Dieses Vorher, es lag wie eine schlafende Katze in mir verborgen, immer bereit mich zu nähren. Und doch überwog die Neugier auf diese Seereise, denn was konnte mir in dieser schweren Zeit Schöneres passieren als dies? Gerade da kam Piotrs Frage: »Kann man mit Vodka Seekrankheit vermeiden?« Er hielt eine Flasche in der Hand.

»Bei dir nützt das sicher nichts!«, sagte ich und wollte ihm die Flasche wegnehmen. Weit gefehlt! Er hielt sie in die Höhe und ich als Kleinster hatte keine Chance. Miki lachte laut.

»Kräftig zuprosten, dazu Salami, das mischt richtig auf.« Piotr winkte mit der Flasche, ich winkte mit einer Wurst zurück. In diesem Moment begann das Schiff zu vibrieren. Ein leichtes Kräuseln, dann hörte ich den Motor brummen. Langsam bewegte sich das Schiff seitwärts vom Pier weg, drehte sich zum offenen Meer und nahm langsam Fahrt auf. Alle sprangen auf und quetschten sich an die Reling. Beunruhigt sah ich zum Pier. »Jetzt sind wir ausgeliefert, wenn was passiert«, sagte ich beunruhigt.

»Passiert aber nix! Das Meer ist ein Wunder.« Wladimir stand neben mir. Ihn konnte nichts aus der Ruhe bringen. Er war der Einzige, der das Meer kannte. In Gdansk aufgewachsen, sein Vater ein Werftarbeiter, hatte er seine Jugend am Meer verbracht. Die Wellen, von der Schiffsschraube aufgewühlt, klatschten gegen die Quaimauer. Wir winkten, bis die Stadt, die uns so freundlich aufgenommen hatte, in der Ferne verschwand. Majestätisch pflügte das Schiff durchs Wasser, einen Schaummantel hinter sich herziehend. Bald hatten wir eine gute Distanz hinter uns gebracht. Die Grossartigkeit dieser Weite raubte mir den Atem! Das Wetter war schön, der Fahrtwind strich mir über die Wangen. Die Liebkosung des Meeres! Ich sah übers Wasser in diese magische Weite.

»Sieh nicht ins Wasser, sonst wirst du trübe«, meinte Wladimir, da folgte ich ihm zurück in unsere Ecke. Er streckte mir die Flasche Vodka hin. »Nimm einen Schluck, es wartet eine lange Fahrt auf uns.«

Der Tag zog sich langsam dahin. Endlich etwas Ruhe! Wir fläzten herum, schliefen und quatschten. Ich hatte Zeit, mich umzublicken. In jeder Ecke des Schiffs stapelten sich Waren. Dazwischen sassen oder lagen Kameraden, warteten, dösten und schwatzten. Kein Platz für Drill und Übungen, freuten wir uns! Weit gefehlt! Kommandant Wilkowski gab nicht auf. Damasz und Nowak gingen umher und forderten uns auf, einander die englischen Begriffe für Cockpit, Akrobatikfiguren und den Kontakt zum Tower abzufragen.

»Euer Englisch muss besser werden. Wir wollen uns nicht blamieren, jeder muss jederzeit einsatzbereit sein, wenn wir nach Frankreich kommen. Ich erwarte Disziplin und Fleiss.« Halbwegs motiviert machten wir uns an die Arbeit.

Einige verteilten Wasser. Ich hörte Rufe, konnte aber nicht verstehen, ob es uns betraf. Die meisten hockten irgendwie schief auf einem Sack in einer Ecke, einige starrten versunken auf einen Punkt, hingen ihren Gedanken nach. Von Lip neben mir sah ich nur die blonden Haare. Er schrieb in ein winziges Tagebuch. Ich guckte über seine Schulter, versuchte ein paar Worte zu erhaschen. Er deckte seine Worte zu.

»Wir dürfen keine Briefe heimschicken. Zu gefährlich, meiner wurde konfisziert, dies sei normal, hat der Offizier gesagt.«

»An unserer Lage ist gar nichts normal«, regte sich Lip auf. »Normal wäre, wir trainierten in Deblin. Wir kämen voran mit unserer Ausbildung, könnten abschliessen, dann heim zu unseren Familien. Wir wissen nicht mal, wann wir wieder zurückkönnen.« Sein Blick verlor sich in der Dämmerung.

»Der Krieg wird nicht lange dauern, Polen schlägt zurück.« Ich sagte dies, um Lip aufzumuntern und streckte ihm die Flasche mit Vodka hin. »Na Zdrowie, nimm einen Schluck, das hilft!«

Lip nahm die Flasche: »Na Zdrowie!« Er verschluckte sich und hustete: »Wünschen wir uns gute Heimkehr«, sagte er noch immer hustend. »Es wird schon

dunkel. Das ist ja fast unheimlich. Man sieht nicht mal, wo wir hinfahren.« Er klappte sein Tagebuch zu, stand auf und tat schwankend einige Schritte.
»Hast du einen sitzen?«, grinste ich.
»Nein, es kommt Wind auf. Ich setz mich lieber wieder hin.«
Ich erhob mich, und da spürte ich das Schwanken auch. Auf und Ab und etwas seitwärts.
»Ist wie im Flugzeug!« Ich glich die Schwankungen mit den Beinen aus. Da spritzten Wellen über die Reling. Ich setzte mich schnell wieder ins Trockene. Die Wahl unseres Platzes war die richtige. Die, welche sich im vorderen Teil des Schiffs eingenistet hatten, befiel Seekrankheit. Schlapp lagen sie auf ihren Säcken, manchmal stürzte einer zur Reling, um sich zu übergeben.
»Schnallt euch beim Kotzen mit dem Gurt an, sonst geht ihr über Bord« der gute Rat über den Lautsprecher. Der Wellengang zeigte die Wucht des Wassers, die Kraft des Meeres. In der Dunkelheit konnten wir nicht voraussehen, wann eine Welle kam.
»Ein wirklicher Sturm ist das noch lange nicht« klärte uns Wladimir auf. »Seeleute lachen über das bisschen Schwanken«, meinte er.
Ich glaubte ihm nicht, denn mir wurde schlecht. Ich lehnte mich zurück, sagte: »Schön, wäre ich jetzt zuhause bei Lola.«
»Deine Freundin?« Miki, der neben mir sass, drehte den Kopf. Wenn von Frauen die Rede war, wurde er

immer hellwach. »Erzähl!«
»Da gibt's nicht viel zu erzählen. Im März, als ich wegen meiner OP im Urlaub weilte, wollte ich sie treffen. Man sagte mir, sie sei nach Warschau gezogen, arbeite in einem Haushalt. Sie hat mir nichts gesagt! Lola. Mein bester Jugendfreund, als ich zehn war, hiess Lalo. Vokale und Geschlecht vertauscht.«
»Da erinnerst du dich noch dran? Ich habe kaum Erinnerungen an meine früheste Jugend.«
»Ich schon, denn Lalo ertrank, als wir am schönen See spielten. Ich fühle mich noch heute schuldig.«
»Das ist heftig, erzähl!« Er rückte nahe zu mir. Das Meer wurde wieder ruhiger, der Wind legte sich, die meisten schliefen irgendwie schief in einer Ecke. Miki und ich steckten die Köpfe zusammen, während ich ihm meine Geschichte erzählte.

1930

Warte, warte! Die Stimme von Lalo schien in der Sommerhitze zu schmelzen. Ich hörte seinen Ruf hinter mir. War ich im Husarentempo unterwegs, bremste mich nichts mehr. Lalo humpelte hinterher, versuchte mir zu folgen. Daran änderte sich nie was, daran hatte er sich gewöhnt. Klein und schmächtig war er, hatte ein von einer Krankheit verkürztes Bein.
Die Leute tuscheln über dich hinter vorgehaltener Hand, sagte ich zu ihm.
Stört mich nicht, sagte er, solange du mein Freund bist.
So war Lalo. Mit ihm gewann ich zwar keine Wettrennen, auch keine Fussballspiele. Doch wenn ihn niemand in die Gruppe für das Räuber- und-Polizist-Spiel aufnehmen wollte, ausgerechnet ihn, den Sohn des Polizeihauptmanns, tat er mir leid.
Mich stört mein krankes Bein nicht, solange ich mit dir spielen darf, sagte er immer wieder. Er hatte sich damit abgefunden, sagte aber einmal: Gott da oben, vor dem alle hinknien und beten, könnte schon mal eine Ausnahme machen. Toll, darf ich dein Freund sein. Vielleicht bist du ja die Ausnahme.
Um mit mir die Seifenkiste beim Rennen anzuschieben, reichte seine Kraft, denn ich überholte mit meiner halsbrecherischen Fahrweise auch so noch alle.
Oft spielten wir im Garten seines Vaters vor dem Gefängnis. Was es da zu entdecken gab! Einäugige

Räuber, Mörder mit grimmigem Gesicht, Schelme, die Marktfrauen bestahlen. Das kleine Fenster vom Gefängnis in den Garten weckte unsere Neugier. Wir versuchten hinter den Stahlstreben ein Gesicht zu erspähen. Das eines Verbrechers oder Schurken.

Einmal hörten wir eine Stimme rufen. Erschreckt guckten wir uns an. Die Stimme kam vom Gefängnisfenster. Ich kroch auf allen Vieren zum Fenster. Lalo wollte mich zurückhalten, doch meine Neugier übertraf den Schauder über den Rücken. Eine magere Hand reckte sich zwischen den Eisenstangen hindurch. Dahinter im Dämmerlicht erspähte ich ein bleiches Gesicht. Eine Stimme bat, beim Bäcker Brot zu kaufen. Ich hob den Kopf, bis ich dem Gefangenen ins Gesicht schauen konnte. Das Geld, welches er mir hinstreckte, nahm ich ihm schnell ab und rannte voraus zum Bäcker. Als Lalo ausser Atem ankam, hielt ich den Laib Brot bereits in der Hand. Ich steckte ihn unters Hemd, und wir rannten zurück.

Glaubst du, der ist gefährlich? Kaum, er kann nichts machen, er ist ja eingesperrt, beruhigte ich ihn.

Und wenn er ein Messer hat? Hat der nicht, das hat ihm dein Vater bestimmt abgenommen.

Als wir zurückkamen, lugte die magere Hand noch immer aus dem Fenster. Ich legte das Brot in die offene Hand. Der Laib verschwand mit einem Murmeln. Das Fenster, ein dunkles Loch, wurde geschlossen.

Lalo bewunderte mich für meinen Mut. Er bewunderte mich überhaupt, was mir natürlich gefiel.

Wir steckten in der Schule und an jedem freien Nachmittagen zusammen, halfen uns bei den Hausaufgaben. Meine Wurfspiele liebte Lalo besonders. Auch zeigte ich ihm das Falten von Papierflugzeugen. Diese liessen wir von der Anhöhe des Wehrturms der Stadt hinunter bis zur Strasse fliegen, die bis zum Rynek führte. Oft kamen sie aber nur ein paar Meter weit.

Vom Wehrturm aus sah man in der Ferne die beiden Bahnhöfe. Ganz recht: zwei Bahnhöfe für die kleine Stadt. Der grosse, der Glowne, lag ausserhalb der Stadt. Miasto, der gemütliche, im roten Backsteingebäude, lag fast im Zentrum. Wir liebten dessen kleinen Warteraum, wenn es draussen kalt war. Hier wärmten wir unsere kalten Zehen und Finger und beobachteten die Reisenden. Ein Spiel, das wir immer wieder spielten, war: Rate, wohin die Leute fahren. Da dieses Spiel einer Auflösung harrte, musste einer von uns allen Mut zusammennehmen und die Reisenden fragen, wohin ihre Reise ging. Wir nannten es: Das Mut-Spiel! Es konnte nämlich sein, dass uns Reisende drohten, nicht so frech zu fragen. Doch das kam selten vor.

Der Rynek, der Hauptplatz, war unsere Spielwiese. Meine Eltern betrieben den Kolonialwarenladen am Rynek, der auch der Marktplatz war. Zweimal die Woche füllte er sich mit Karren und Fuhrwerken, mit Ständen und Auslagen. Bauern und Händler boten Waren feil. Frauen mit Körben voller Pilze, Beeren, Gemüse. Auch Kleider und Schuhe wurden angeboten, sowie Werkzeug, Pferdegeschirr und Leitern aller Art. Mein

Vater stellte immer an Markttagen einen Stand auf, Lalo und ich halfen ihm dabei.
Für Lalo war der Winter die schönste Zeit. Da schlittelten wir vom Wehrturm bis zum Ryneck. Dreimal wellte das steile Gelände, mit einem Absatz, bis es in die Ebene auslief. Die Schlitten flogen mit Tempo über den Absatz, hatte man genug Schuss. Dies war die Paradedisziplin von ihm. Klein und leicht wie er war, flog er am Weitesten. Der Winter war seine Jahreszeit, wenn Schnee fiel und er seinen Mut beim Schlitteln beweisen konnte.
In diesem Sommer, als wir zum schönen See liefen, sirrte die Luft vor Hitze. Lalo keuchte hinter mir her. Ich flog geradezu über die heisse Strasse. Als ich abbog bei der Kirche und den Kirchrain hinunterpreschte, wusste er natürlich, wohin es ging. Ich verschwand im grossen Kornfeld. Dünn schlängelte sich der Fussweg durch die trockenen Halme. Sie kitzelten an Armen und im Gesicht, sodass ich die Augen zukneifen musste. Einmal stach ein Stein in meine Fusssohle. Der Schmerz liess mich aufschreien, und ich rieb schimpfend den Fuss. Lalo holte mich ein.
Bist du wahnsinnig! Er bekam kaum mehr Luft.
Ich will baden, es ist eine Mordshitze.
Aber das ist verboten.
Sieht ja keiner, wenn du nicht petzt!
Ich rannte am Schild „Baden verboten" vorbei, weiter zum Ufer des Sees. Lalo kannte es und rief mich nochmals zurück.
Hast du Schiss? Klar nicht, sagte er, doch man sah ihm

an, dass er sich fürchtete. Kneifen wollte er nicht, Freunde bekam man nicht alle Tage. Unsere Freundschaft bedeute ihm viel, mehr als Zuckerwatte oder Weihnachten, sagte er einmal. Für mich bedeutete die Freundschaft mit Lalo auch mehr als nur Zusammensein in der Freizeit. Ein Freund macht das Leben erst lebenswert, sagte ich ihm, sogar mit einem kranken Bein. Für mich bist du wie ein Bruder und ein Bruder fehlt mir. Noch schöner, könnten wir im selben Zimmer schlafen. Schwatzend in den Schlaf gleiten, Geheimnisse besprechen, Freude und Trauer teilen. Dafür sind Brüder und Freunde da.
Am See angekommen, lag die Wasseroberfläche still da. Die Bäume am Ufer warfen Schatten, erfrischend kühl. Bläschen stiegen zur Wasseroberfläche hoch, es bildeten sich kleine Ringe. Das Ufer fiel gute zwei Meter steil ab zum Wasserspiegel. Die dicken Stämme der grossen Bäume rund um den See waren bis hoch hinauf mit Efeuranken umwachsen. Riss man die Efeuranken unten vom Stamm los und zerrte sie möglichst hoch weg, konnte man sich dranhängen und über das Wasser fliegen. Alles was flog, faszinierte mich. Ich schusterte und nagelte Papier, Karton, Holz zu fliegenden Objekten zusammen. Kisten, Flugkörper, Zeppelin, die hoch und weit und schnell fliegen sollten. Meist flogen sie ein paar Meter, dann rutschten sie schlitternd über den Boden, zerschellten und blieben reglos liegen, wie abgestürzte Vögel.
Ich blickte zu den Efeuranken. Mit denen kann ich übers

Wasser fliegen, frohlockte ich. Lalo graute davor, doch er protestierte nicht. Er schwieg.

Zuerst fliegen wir übers kühle Wasser, dann baden wir, redete ich ihm zu. Er sah mir furchtsam zu, wie ich mit beiden Händen eine besonders dicke Efeuranke packte und ruckweise daran zog, bis sie sich genug vom Stamm gelöst hatte. Dann schritt ich langsam so weit rückwärts, bis mir ein weiter Flug sicher war. Mit all meiner Kraft nahm ich Anlauf, setzte zum Sprung an und flog im Halbkreis übers Wasser. Die Efeuranke hielt ich mit Händen, Knien und gekreuzten Füssen fest gepackt. Ich landete punktgenau vor Lalo auf dem kleinen, grünen Fleck Gras. Er hatte wohl die Luft angehalten, um nicht zu schreien. Jedenfalls atmete er tief aus, als ich landete.

Ein tolles Gefühl, das Fliegen! Hier, probiere es, forderte ich ihn auf, und reichte ihm die Efeuranke. Er zögerte. Ist ganz einfach, wiederholte ich. Er zögerte immer noch. Du startest dort hinten, packst die Ranke und springst. Wenn du abhebst, schling die Füsse drum, dann fliegst du im Halbkreis übers Wasser und landest hier vor mir. Ich pack dich dann. Schau nochmal zu! Ich riss erneut kräftig an der Ranke, um ihm zu zeigen, dass sie hielt. Ein zweites Mal rannte ich los, nahm besonders weit Anlauf und liess mich hochziehen. Ich schwang sogar die Beine in die Luft, flog und landete vor ihm. Komm schon, du Hasenfuss, lachte ich.

Erst wischte er seine schweissnassen Hände an der Hose trocken, dann packte er die Efeuranke. Zaghaft zog er sie nach hinten. Rannte dann die paar Schritte zum Wasser und bremste ab, bevor seine Füsse den Boden verloren. Du musst mehr Anlauf nehmen. Schau, so! Wieder packte ich die Ranke. Lalo beobachtete genau, bis wohin ich rannte, wie ich die Beine um die Ranke schlang. Diesmal packte er die Ranke entschlossen. Er schritt weit nach hinten, um genug Tempo für den Start zu bekommen. Ich feuerte seinen humpelnden Lauf an. Das Gefühl, welches ihn packte, als seine Füsse den sicheren Boden verliessen, musste unbeschreiblich gewesen sein. Erst glaubte ich, er hätte Angst, doch als er weit über das Wasser schwang, sah ich, dass er zum ersten Mal nachvollziehen konnte, was Fliegen war. Ich sah Freude und Leidenschaft in seinem Gesicht. Und dann plötzlich, wie von der Luft gepackt, war es, als schwebe er davon und nichts mehr könne ihn behindern. Fliegen und nie mehr zurückkommen, die schmerzenden Beine zurücklassen. Als seine Hände sich dem Himmel entgegenstreckten, schrie ich auf. Am äussersten Punkt, hatte er die Ranke losgelassen. Mit entrücktem Ausdruck im Gesicht plumpste er ins Wasser und bewegte sich nicht mehr. Ich rief ihn, versuchte zu ihm zu gelangen, um ihn rauszuholen, doch er war zu weit weg vom Ufer. Wir konnten beide nicht schwimmen. Was mich tief erschreckte, er zappelte nicht, er lag einfach im Wasser, als ob er in die Tiefe blicken wollte. Immer wieder rief ich ihn, er gab keine Antwort. Da lief ich los, lief durchs gelbe Korn zurück, um Hilfe zu holen. Rannte durchs Dorf, durch die Häuser, tränenblind über den Rynek. Die Tür zum Laden stand offen. Mein Vater stand hinter dem Ladentisch. Ich konnte kaum sprechen. Geschüttelt vom Weinen erzählte ich meinem Vater, was vorgefallen war. Er blickte mich bestürzt an und rannte aus dem Laden über den Platz und zum Haus des Polizeihauptmanns. Ich sah Lalos Vater aus dem Polizeiposten stürmen und hinter ihm Lalos Mutter. Immer mehr Leute strömten zusammen. Eine Aufregung ging durch das ganze Dorf. Bald schon rannte hinter Lalos Mutter der Pastor und hinter ihm der Organist Pletko, der Apotheker und seine Frau, meine Mutter und Bormann aus dem Blumenladen, sogar Kutka, der Schmied lief mit. Alle rannten zum Kornfeld und weiter zum See. Als Herr Jagidski mit der Trompete zum Alarm blies und die Feuerwehr sich mit Bimmeln auf den Weg machte, kamen sogar die Arbeiter aus Zielkas Montagehallen. Ich stand noch immer schnaufend und weinend unter der Ladentür und wischte mir Augen und Nase. Als ich das Bimmeln der Feuerwehr hörte, rannte ich hinter dem Fahrzeug her und sprang auf.

Beim See angekommen, sah ich Lalos Mutter über den leblosen Körper gebeugt. Das hat nichts mit mir zu tun, dachte ich. Ich bin nicht schuld. Sie hoben Lalo auf den Feuerwehrwagen und deckten ihn zu. Vom Trompeter angeführt fuhr der Wagen langsam Richtung Dorf. Herr Jagidski spielte eine traurige Melodie. Lalos Vater legte den Arm um seine weinende Frau und wischte sich über die Augen. Auch ihm liefen die Tränen über die

Wangen, oder waren es Schweisstropfen? Alles war so seltsam. Zusammen kehrten wir zurück. Herr Jagidski vor dem Feuerwehrauto, dahinter Lalos Eltern, der Pastor, Herr Pletko, ich zwischen Vater und Mutter, die dicke Frau Kolev, der alte Strogan, Frau Virny mit Tochter Rena, die Arbeiter, die Männer der Feuerwehr. Zur traurigen Melodie der Trompete, schritten wir zum Rynek, wo sich das ganze Dorf versammelt hatte. Der Zug teilte die Menschen, die mit tiefem Mitgefühl die Trauernden begleiteten. Die Kirchentüre wurde aufgestossen. Sie trugen den kleinen Körper in die Kirche. Die Frauen weinten und bekreuzigten sich, die Männer schauten ernst. Wir setzten uns in die Bänke. Stille trat ein, unterbrochen vom Schluchzen der Frauen, bis der Pastor ein Gebet murmelte, zu dem sich alle wieder erhoben. Der kleine Körper lag, mit einem weissen Laken bedeckt, unter dem Kreuz. Die ganze Stadt war da, alle hatten die Arbeit unterbrochen, um mit Lalos Eltern zu trauern. Es war so seltsam. Ich fühlte eine tiefe Verbundenheit. Auch zum Lehrer, der uns an den Ohren gezogen, dem Organisten, der schimpfte, wenn wir den Blasbalg der Orgel zu wenig traten und Töne des Spiels verlorengingen. Jetzt trat niemand die Pedale der Orgel. Still lauschten alle dem Glockengeläut. Zwei Jungs zogen an den dicken Seilen, liessen sich hochziehen und zogen erneut mit Kraft nach unten, um die schweren Glocken in Schwung zu halten. Diese Aufgabe hatten Lalo und ich jeweils mit grossem Vergnügen verrichtet. Jetzt sass ich mit gesenktem Kopf zwischen Mutter und

Vater. Du wirst mein Freund bleiben, Lalo, versprach ich meinem Freund. Es war wie ein Schwur.

»Eine traurig-schöne Geschichte!« Mikis Stimme klang heiser.
»Ein Jahr nach Lalos Unfall starb meine Mutter. Ich war grad zwölf geworden. Ihr Tod hat Vater und mich erschüttert. Mein Vater entschied sich danach, den Laden zu verkaufen. Der Verkauf würde genug einbringen, um in Torun ein Haus zu erwerben. Ich hätte, der höheren Schule wegen, nach Torun in ein Wohnheim ziehen müssen. Ein Miethaus, errechnete er, würde genug Einnahmen für uns zwei abwerfen. Ein Wohnungswechsel bot sich an. Vom Verkauf des Warenladens konnte Vater ein Haus mit vier Wohnungen kaufen. Ich hatte eine gute Zeit in Torun.«
»Ist gut für dich, Erinnerungen mitzutragen. Das ist Heimat. Lief bei mir nicht so gut. Unehelich geboren, die Mutter immer am Arbeiten. Ich war viel allein, wir hatten kaum Geld. Ich konnte keinen Vater vorweisen und wurde deshalb in der Schule gehänselt. Doch da war nichts, nicht mal ein Foto. Väter sind für Buben Vorbilder.«
»Dafür bist du viel selbstständiger, viel mutiger als ich, finde ich.«
Er lachte leise: »Musste ich wohl. Weisst du, dieses tröstende Bild, so zwischen Vater und Mutter zu sitzen und ihre Hände zu halten, das kenne ich nicht. Heimatgefühle liegen mir nicht so. Meine Mutter lebt

nicht mehr. Ich muss mich selber durchsetzen. Deshalb ist mir das Ich auch so wichtig und genau das wird einem im Krieg genommen. Da gibt es nur noch das Wir, die Masse. Das Individuum zählt nicht mehr. War schon in meiner Jugend so. Zuhause gab es kein Ich. Mutter redete nur vom Du, wenn ich Scheisse gebaut hatte. Was mir half: ich war ein prima Schüler. Prüfungen und Ausbildung, kein Problem! Eigentlich wollte ich mit der Pilotenausbildung meine Karriere loslegen, mein Ego aufrüsten. Und nun ist Krieg! Da packt mich die Wut, ich fühle mich so machtlos.« Er legte seinen Kopf auf den Sack zurück und schloss die Augen.

»Wo bist du aufgewachsen?«

»In Warschau, war kein gutes Pflaster für mich, aber ich lebe noch. Du kommst aus einem Dorf, da war es sicher einfacher. Eine Kindheit, wie du sie hattest, hätte ich mir auch gewünscht.« Ich schwieg. Mir fielen die Augen zu. »Gute Nacht Miki«, sagte ich leise.

Als die Sonne aufging, hatte der Wind sich gelegt. Keiner war über Bord gegangen. Trotzdem stieg die Stimmung kaum. Unsere Geduld wurde handfest auf die Probe gestellt. Die Rumsitzerei liess sich auch mit Englischvokabeln-Büffeln kaum aushalten. Immer wieder stand einer auf, trat zur Reling, schaute in die Ferne. Die engen Verhältnisse bremsten unseren Bewegungsdrang. Wann endlich kam der nächste Hafen?

»Heute steuern wir Istanbul an«, sagte eine Stimme

aus dem Lautsprecher. Istanbul, welch magischer Name! Wir waren wie elektrisiert.

»Bauchtanz, Harem, köstliches Essen «, frohlockte Miki und rollte die Augen.

»Miki denkt nur an Frauen«, lachte Jakub.

»Frauen sind das Gewürz des Lebens«, kicherte der und machte ein Schmatzgeräusch. »Da kommst du auf deine Rechnung!«

Jakub und ich verdrehten die Augen.

»Was besprecht ihr?« Piotr stand hinter uns, er hatte die letzten Worte mitbekommen, »das Thema interessiert mich auch.« Er hockte sich zu uns.

»Kannst dich mit Miki zusammentun, er will sich im Harem von Istanbul eine Frau suchen«, lachte Jacub. Miki malträtierte ihn mit Fausttrommeln auf den Rücken.

»Stellt ihr euch das nie vor, wie langweilig!« Er blickte in die Runde. »Istanbul, stolze Stadt am Bosporus, einstmals Konstantinopel, Verbindung vom Schwarzen Meer zum Mittelmeer. In dieser Stadt der Märchen bummeln, wäre doch der Hammer!«

»Darauf hätten ich mich auch gefreut …und jetzt sind wir hier wegen diesem Krieg.« Piotrs Gesicht sprach Bände.

Ich stand auf und ging zur Reling. Lange schaute ich aufs Wasser, bis ich in der Ferne schlanke Turmspitzen aus dem Dunst auftauchen sah.

»Da vorne«, rief ich und zeigte auf die Stadt. Sofort stürzten alle zu mir hin. Im Dunst des Morgens tauchten die spitzen Türme der Moscheen mehr und mehr auf. Bei der Einfahrt in den Hafen ragten weithin sichtbar die mächtigen Kuppeln und Spitzen in den Himmel. Der Anblick war überwältigend. Diese sagenumwobene Stadt lag vor meinen Augen. Ich hatte so einiges in der Schule gelernt, stellte mir das Gewimmel des Bazars vor, die Gerüche und Farben, die Gewürze, die Rufe der Händler.

»Wenn ich an Harem denke, wird mir ganz schwach! Genau was ich jetzt brauchen könnte. Weiche Kissen, was Feines zum Trinken, eine schöne Frau im Arm«, schwärmte Miki.

»Wieder beim Thema«, grinste Piotr, der Mikis Schwärmen trotz des Flüsterns mitbekommen hatte. »Ich stelle mir lieber nichts vor, dann ist die Enttäuschung kleiner«, meinte er lakonisch.

»Kein Landgang«, tönte in diesem Moment die Stimme aus dem Lautsprecher.

»Siehst du!«, sagte Piotr. Miki war nicht der einzig Enttäuschte. Alle hätten diese pulsierende Metropole gerne besucht. Doch es war nichts zu machen! Die türkischen Grenzer verwehrten uns den Landgang. So blieb uns das Träumen von weichen Kissen, schönen Frauen und feinem Essen im Harem, für einen Tag und eine Nacht. Gegen Abend wurden Lebensmittel, Wasser, Früchte nachgeladen und verteilt. Man rief einige zum Helfen auf, wir waren nicht dabei. Die nächste Station sollte Malta sein, die Insel im Mittelmeer. Eine längere Überfahrt stand uns bevor. Gegen

Morgen legten wir wieder ab. Mit Wehmut in den Augen sahen wir bei Sonnenaufgang das Märchen von Tausend und einer Nacht verschwinden. Es gab eben solche und andere Zeiten. Die Route führte uns vorbei an den Dardanellen, eine gefährliche Passage, die viel Vorsicht und Können des Kapitäns voraussetzte. Die schroffen Felsen stachen aus dem Meer. Ich erinnerte mich, was wir im Geschichtsunterricht am Gymnasium gehört hatten. »Der Kampf um die Dardanellen im ersten Weltkrieg war tragisch. Die Osmanen wehrten den britisch-französischen Angriff ab. Auf beiden Seiten gab es hunderttausend Gefallene.«
»Und jetzt, zwanzig Jahre später, schon wieder Krieg«, fiel mir Wladimir ins Wort und schüttelte den Kopf. »Was erwartet diesmal die Welt?« Er fuhr sich mit dem Ärmel übers Gesicht. Wir schwiegen betreten. Was, wenn sich dieser Krieg ebenso in einem Gemetzel über die halbe Welt ausdehnte? Trotzdem liessen wir es uns nicht nehmen, während der Fahrt entlang dieser kahlen Hügel an der Reling zu stehen. Hier starben tausende junger Männer, nur wegen dieser paar schroffen Felsen? Wir konnten es nicht fassen. Wie erst waren die Angreifer in die Städte Polens eingefallen? Städte mit Infrastruktur, wo was zu holen war, wo man Geld einstecken, die Einheimischen vertreiben oder töten konnte. Krieg macht vor nichts Halt! Keine Rechte, kein Schutz, kein Erbarmen. Nur Angst und Schrecken.
Die Wärme des Ägäischen Meeres beruhigte uns. Die

Müdigkeit von den Strapazen der Flucht hatte sich gelegt. Wir vertrieben uns die Zeit mit Kartenspiel, fachsimpelten über Flugzeugtypen, schlagkräftige Armeen, Ausbildung, Einsatz an der Front. Ein Thema das uns beschäftigte: ob die deutschen Flugzeuge *Heinkel* und *Dornier* den *RWD8* überlegen waren?

»Unsere *RWD8* kann niemals mithalten. Sie schafft nicht mal dieselbe Höhe, wie willst du so Feinde vertreiben? Das Missverhältnis verletzt meinen Stolz«, meckerte Zeblik und hielt den Daumen zu Boden. Ich mochte ihm nicht widersprechen.

»Mit einer *Hurricane* könnten wir etwas ausrichten«, argumentierte Jakub.

»Aber die fliegen wir nicht! Wir wissen nicht mal, ob wir die Ausbildung in England beenden können.«, zischte ich Jacub an. Er zuckte nur die Schultern.

»Ich frage mich, was wir überhaupt bewirken können«, klagte Lip, »alles so...«

»Die Feinde abschiessen«, fiel ihm Miki ins Wort.

»Und wir sind noch nicht mal ausgebildete Piloten!«

»Mit den modernen Kampffliegern der Engländer sieht das ganz anders aus. Mit denen können wir Polen befreien«. Miki ballte die Faust.

»Wer sagt dir, dass wir bei den Engländern kämpfen werden. Die haben wohl kein Interesse an halb ausgebildeten Piloten aus Polen«, warf Lip ein. «Nicht mal unser Englisch ist grossartig.« Mit den Kräften stiegen Heimweh, Streit, Verzweiflung.

»Dann macht euch dahinter«, Leutnant Damasz stand

neben uns. »Lernt, büffelt, wir setzen auf euch!« Wir sahen uns verblüfft an. Also gab es doch einen Plan. Miki war sofort wieder auf Draht, man sah ihm den Tatendrang an: »Frankreich oder England will uns ausbilden, zu was sonst soll diese Flucht gut sein.« Er klatschte in die Hände! Ein Hin und Her um Stärke, Überlegenheit, Kampfkraft, Technik begann. Wir versteckten unsere Unsicherheit hinter Fachsimpeln, denn die Angst um Familien, Freunde und Geliebte zuhause erdrückte uns fast. Lip erzählte immer wieder von der kleinen Maja.

»Vielleicht kann sie schon sprechen, alleine essen, herumrennen? Meine grosse Sorge ist, ob sie mich erkennt oder ob ich ein Fremder bin, wenn ich heimkomme? Seit Januar, da war sie drei Monate alt, habe ich sie nicht mehr gesehen.«

»Dann erkennt sie dich bestimmt nicht.« Zeblik schüttelte nur den Kopf.

»Was nur hat mich angetrieben, diese Ausbildung anzutreten. Weshalb habe ich mich nicht um eine Versetzung in eine Bodentruppe bemüht. Mit einer Familie hätte ich Chancen gehabt«, jammerte er weiter.

»Ich verstehe dich, würde mir auch Sorgen machen, wenn ich ein Kind hätte«, meinte Jacub. »Frag den Kommandanten und bitte ihn, dich noch zu versetzen.«

»Ich will nie Kinder«, sagte Miki.

»Weshalb nicht?« Lip fühlte sich angegriffen.

»Weil diese Zeit so beschissen ist. Meinem Kind

möchte ich diese grausame Welt nicht zumuten.«
»Wenn ein Kind da ist, kannst du nicht mehr zurück.«
»Eben, deshalb!«
Lip drehte Miki den Rücken zu. Man sah ihm an, dass er wütend war.
»Miki sagt halt alles gerade raus«, beschwichtigte ich ihn. »Es ist keine kinderfreundliche Welt. Hetzer und Mörder an den Schalthebeln hat noch nie zu Frieden geführt.«
»Wenigstens ist das Wetter warm und schön, der Vorteil des Südens«, wechselte Jakub das Thema. »In Polen ist um diese Jahreszeit nur Scheissregenwetter. November kannst den Rinnstein runter schwimmen.«
Weichgeklopft von der langen Seereise, erreichten wir nach langen Tagen Malta. Als die Insel im Dunst auftauchte, lachte Lip wieder: »Die rettende Insel!«
»Was heisst hier retten? Unser Ziel ist Frankreich. Möglich, dass wir auch hier nicht an Land dürfen«, feixte Wladimir.
»Sei doch nicht so negativ«, gab Lip zurück, »Land ist immer ein sicherer Hafen, mir ist nicht wohl auf dem Wasser.«
»Ich sag ja, mal sehen, ob wir diesmal an Land dürfen.«
Eng gedrängt standen wir an der Reling, als das Schiff bei strahlendem Sonnenschein in den Hafen lief. Die weisse Stadt La Valletta versetzte uns in helle Aufregung. Etwas versteckt lagen die Kriegsschiffe der britischen Naval Base dicht an dicht nebeneinander

hinter der Kaimauer. Wir schwenkten begeistert unsere Mützen. Bei der Einfahrt wurden wir der ganzen hochbewaffneten Flotte ansichtig. Der britische Flottenstützpunkt! Da lagen Kriegsschiffe und Zerstörer, sogar ein U-Boot lag in der Bucht. Eine geordnete und disziplinierte Festung tat sich vor uns auf. Es kurbelte unser Vertrauen an, besonders als noch Matrosen zustiegen. Man hatte uns erwartet. Sie offerierten Kekse, Getränke, Zigaretten. Das Gefühl, heil davongekommen zu sein, überwältigte uns. Vor Erleichterung wurde manche Träne verdrückt. Leutnant Nowak strahlte. Er hatte seine Jungs bis hierhergebracht, ohne einen Verlust. In uns stieg wieder Hoffnung auf. Wenn wir in dieser kraftstrotzenden Armee unsere Ausbildung abschliessen durften, hatte sich diese Flucht gelohnt. Wir sahen eine Zukunft vor uns. Man lud uns ein, auf dem Passagierschiff, das steuerbord angelegt hatte, in Kabinen zu schlafen. Viele benutzten diese Gelegenheit, verlegten ihren Platz aufs Schiff nebenan. Ein bequemes Bett war verlockend. Wir freuten uns auf einen Landgang; durch la Valletta streifen, dem Meer entlang bummeln, die Füsse ins warme Meerwasser strecken. Doch weit gefehlt! Auch in Malta untersagte man uns den Landgang. Ein grosser Frust!

»In Frankreich werden wir wieder festen Boden unter die Füsse bekommen, es gilt jetzt durchzuhalten«, gab Leutnant Nowak durch. »Wir organisieren eure weitere Ausbildung, stehen in Verhandlung. Details gibt es später.«

Bei uns blieben Zweifel, doch immerhin wurde über eine Eingliederung in die Truppen von Frankreich oder England debattiert. Da legte sich unsere Aufregung etwas. Miki schlug Jacub, Lip, Wladimir, Zeblik und mir vor, auf unserem Schiff zu bleiben. »Das Gerangel um Plätze meiden wir besser.« Eine Besichtigung des Schiffs hingegen, liessen wir uns nicht nehmen.

Frankreich

Nur zwei Tage später verliessen wir Malta, im Auge das Ziel Marseille. Die letzte Strecke führte an Sizilien vorbei und weiter nach Frankreich. Als wir endlich in den Hafen von Marseille einfuhren, erhellten sich unsere Gesichter; die lange Flucht ging ihrem Ende zu. Beim Gang von Bord schwankte manch einer, als er vom Schiff stieg.

»Festen Boden unter den Füssen!« Ich stampfte auf, streckte mich, wirbelte rundum, ruderte mit den Armen. Ich fühlte Kraft in mir hochsteigen. Jetzt wird wieder geflogen! Endlich jubelte alles in mir drin. Die Flucht ins Ungewisse war zu Ende. In unsere Freude mischte sich sogleich die Sorge, denn wir wurden gewahr, dass sich während unserer Flucht die Fronten verschoben, die Kämpfe rasant ausgebreitet hatten. In Marseille schockten uns die Landgewinne der Feinde.

»Der Krieg hat sich in alle Richtungen ausgebreitet«, sagte Nowak, »wir klären euch noch heute auf. Aber erst mal ankommen, durchatmen. Das Weitere wird bald durchgegeben. Sicher ist nur, auch hier bleiben wir nicht.«

Kopfschüttelnd drehte sich Miki weg. Was sonst Respektlosigkeit gegenüber einem Vorgesetzten wäre, liess Leutnant Nowak durchgehen. Er wusste, unsere Nerven lagen blank. Als wir später in Reih und Glied vor Kommandant Wilkowski standen, sank unsere Hoffnung auf Ausbildung in Frankreich auf den Nullpunkt.

»Soldaten«, sagte er etwas heiser, da seine Stimme durch die ganzen Fluchtwochen gelitten hatte, »es geht sogleich weiter. Jeder deckt sich mit Proviant ein, bevor er in den Zug nach Lyon steigt. Es muss schnell gehen. Wir verlegen uns noch heute Abend. In Lyon werden wir erwartet. Abtreten.«

Lip freute sich: »Zugfahren, ein grosses Vergnügen«, jubelte er, was ihm sogleich wieder verging, denn vollbepackt ging es zu Fuss vom Hafen zum Bahnhof. Vor den für uns reservierten Wagen stapelte sich die Verpflegung. Jeder bekam ein Essenspaket und eine Flasche Wasser. Ich setzte mich in ein leeres Abteil. Lip und Wladimir setzten sich zu mir. Miki hatte sich mit Zeblik etwas weiter hinten in die Nähe von Leutnant Nowak gesetzt. Das leichte Schaukeln des Zuges entspannte mich. Ich lehnte in die Ecke, schloss die Augen und hing meinen Gedanken nach.

Da stupfte Lip mich an. »Der Kommandant hat mir Mut gemacht, ich mache nun doch weiter. Er hat uns auf der Airbase *Lyon* angemeldet. Tönt doch gut.« Ich nickte, und doch erschien es mir irgendwie unwirklich. Mich sicher fühlen in einem Land, das so unsicher ist wie Polen? Ob Frankreich oder Grossbritannien! Kam es noch drauf an, wo die Ausbildung abgeschlossen würde.

»Was meinst du?« Jakub setzte sich neben mich,

blickte mich von der Seite an. »Das Brevet erlangen ist die Hauptsache. Wir sind schon fortgeschritten, bald einsatzfähig.« Ich schwieg, ergab mich dem Schaukeln des Zugs, der zwischen kahlen Weinbergen dem Fluss Rhone entlang zog. Ich hörte Mikis Stimme von weitem. Diesmal war ich froh, ihm nicht die ganze Fahrt zuhören zu müssen. Manchmal war er nervig.

Im *Gare de Lyon* angekommen, wurden wir zur *Halle de Foire* gefahren. Durch eine halbhohe Wand getrennt, durften wir uns auf einer Seite einrichten. Die andere Seite diente dem täglichen Markt. Ohne Heizung oder Isolation. Es war Ende November, die Tage kurz, die Nächte dunkel und lang, nicht gerade, was wir erhofft hatten. Die Offiziere, in Hotels untergebracht, nahmen am nächsten Tag Theorie und Drill wieder auf. Wenigstens etwas Positives. Im Geschrei der Marktfrauen übten wir die Abläufe von Start und Landung, büffelten Morsen, deuteten Wettervorhersagen, frischten unser Englisch auf für einen Einsatz. Den täglichen Marsch rund um die *Halle de Foire* absolvierten wir motiviert und voller Eifer. Trotz Kälte und Lärm waren wir bemüht den Mut nicht zu verlieren. An vorderster Front wie immer Miki.

»Unser Schulfranzösisch wird sich noch bewähren«, meinte er geheimnisvoll und zündete sich genussvoll eine Zigarette an, als wir vor dem *Foire* zusammenstanden. Er rieb sich die Hände. »Hier sind wir jemand!« Keiner antwortete. »Jetzt seid doch nicht so Trauersäcke, wir feiern jetzt!«

»Wir wissen ja nicht mal, welchen militärischer Grad wir hier haben«, wagte Piotr zu kontern.
»Ist das dein grösstes Problem?«
»Die Franzosen akzeptieren unseren Status als Kadettenoffiziere nicht, wie es nach dem ersten Teil der Ausbildung üblich ist. Das Üble ist, dass uns mit der niederen Einteilung ein lächerlich kleiner Sold ausbezahlt wird«, wehrte er sich.
»Stimmt, unser erster Eindruck von Frankreich ist nicht grad toll«, meldete sich nun auch Zeblik. »Kaum Sold heisst hungern, dann die kalte Halle, mit hartem Betonboden als Quartier. Wir können uns kaum was leisten.«
»Von Piloten-Ausbildung keine Spur. Heute haben wir das Chanson *J'attendrais*, am Radio wohl 20-mal gehört. Es wird mich in meine Träume verfolgen«, motzte nun auch Wladimir.
»Jemand Lust auf heisse Schokolade, oder ein Bier?« mischte Miki sich ins Gespräch ein. Ich konnte seine Gelüste nachvollziehen. Er war zu einem bleistiftdünnen Kerl abgemagert. Der nächste Tag brachte, oh Wunder, eine Überraschung! Unser Sold wurde ausbezahlt.
»Die haben unsere stinkige Laune mitbekommen, jetzt hauen wir auf die Pauke«, kam Miki in Fahrt. Wir waren sofort dabei, zogen am Abend Richtung Stadtzentrum. Am Eingang zur Stadt fragten wir einen Officier nach dem Weg zu den Bars. Freundlich wies er uns den Weg. Plaudernd und entspannt tauchten wir

ein in die lange vermisste Welt des Vergnügens, der Geselligkeit, prosteten uns begeistert zu. Berauschend, endlich auf sicherem Boden zu gehen. Und nun hatten wir Geld in der Tasche. Die Bar war dunkel und roch nach Vergnügen, Alkohol und Zigarettenrauch. Wir bestellten eine Bouillabaisse, dazu Wein. Was für ein Fest! Wir prosteten uns zu, sangen Lieder. Miki lehnte sich zurück und rülpste zufrieden. Die Hoffnung war zurückgekehrt, wir glaubten wieder an uns, an unseren Status als Piloten.

Auf dem Heimweg schlug Miki vor: »Wir halten nach Mädchen Ausschau.«

»Du mit deinen Frauen«, grinste Wladimir und kippte Gin nach. «Mal sehen, was du abschleppst?«

»Mir wäre lieber, wir könnten bald wieder fliegen. Etwas tun gegen den Krieg. Mithelfen die Angreifer zu vertreiben. Mich juckts im Bauch, ich rieche das Metall, spüre das flaue Gefühl im Magen, alles in mir will in die Luft.«

»Masz der immer Vernünftige«, lallte Miki, die Flasche in der Hand. Je mehr getrunken wurde, desto mehr heizte sich die Stimmung auf. »Warten, warten, uns gedulden«, tat es Wladimir ihm nach.

»Uniformen?« Zeblik zerrte an seinen Kleidern. »Sieht so ein angehender Kampfpilot aus?« Er hatte auch einen sitzen. Ich scheuchte die Gruppe auf, mir schwante ein nassfröhlicher Heimweg.

»Wir kommen wie ein Haufen Versprengter daher«, schimpfte Lip, als wir auf der Strasse standen. Sein

Gang mäanderte bereits unkontrolliert. Miki blieb stehen und prostete allen lauthals zu. Ich schämte mich, sagte aber nichts. Saufen war nie mein Ding gewesen, auch jetzt nicht. Die Stimmung drohte zu kippen. Ich packte die Flasche, die er abgestellt hatte: «Jetzt ist aber fertig, ich mag wegen euch Gin-Leichen nicht im Knast landen!«

»Lass uns wenigsten den Gin«, brüllte Wladimir, sonst ein gemütlicher Kerl.

»Seht euch mal an, was der Alkohol aus euch macht«. Ich zeigte in die Runde.

»Mir scheissegal, ich will saufen!« Wladimir erhob sich, für mich bedrohlich, er überragte mich um einen Kopf.

»Lass es gut sein! Allen drückt es auf die Moral. Wenn du weitersäufst, wird deine Tasche bald wieder leer sein.«

»Gib her«, schrie er und riss mir die Ginflasche aus der Hand, dabei liess er sie fallen. Mit einem Knall landete sie auf dem Boden, der Gin spritzte auf Schuhe und Hosen.

»Hey, die gehörte mir!« Miki ging auf Waldimir los. Ich versuchte die beiden zu trennen, was mir nur halb gelang. Sie konnten aber nur noch lau zuschlagen, wankten und boxten in die Luft. Ein bitteres Gefühl trieb sein Unwesen in uns! Ich fluchte. Eine Schlägerei würde uns in den Knast bringen. Nicht das, was wir gerade brauchten! Ich versuchte die Gruppe in die Unterkunft zu lotsen. Knapp konnte ich noch verhindern, dass Leutnant Nowak der vorbeiging, uns ansprach. Ich grüsste kurz und wandte mich zu den anderen, die, oh Wunder, stillhielten und keine faulen Sprüche von sich gaben. Er ging weiter. In der Unterkunft sah Leutnant Damasz den Zustand der Truppe sofort. Er half mir die angesäuselten Geister auf die Pritschen zu treiben, er wusste, was uns am meisten bedrückte: durchsickernde Nachrichten vom Kriegsgeschehen aus Polen. Unser Land hatte verzweifelt gekämpft, war aber bereits im Oktober unter dem Gewicht der übermächtigen Angreifer eingebrochen. Deutschland und Russland hatten das Land aufgeteilt. Das war die bittere Realität.

Die Tage zogen dahin. Unsere anfängliche Hoffnung, in Frankreich würde es vorwärts gehen, schrumpfte täglich. Unsere Uniformen hatten auf der Reise gelitten. Zerknautscht wie wir waren, glichen wir einer Bande Raubritter. Unser Sold reichte nicht annähernd so weit, wie wir gehofft hatten. Der Kontakt nach Hause klemmte, seit wir Polen verlassen hatten. Besonders Lip litt Qualen wegen seiner kleinen Familie. »Inge ist Deutsche«, jammerte er, »kannst dir vorstellen, wie sie jetzt angefeindet wird. Dabei ist sie Lehrerin mit Leidenschaft, hat fliessend Polnisch gelernt und liebt Kinder. Die Kleine wird von meiner Mutter gehütet, während sie Schule gibt. Aber wie das jetzt ausschaut mit der Schule als Deutsche? Ich möchte die kleine Maja beschützen, nun bin ich weit weg. Das macht mich fast verrückt. Nicht mal Weihnachten kann ich sie sehen. Dabei würden die Lichter des Christbaumes in ihren Äuglein leuchten.«

So emotional hatte ich ihn noch nie erlebt. Doch auch ich sorgte mich um meinen Vater. Ihm schreiben nützte nichts, es gab keine Post nach Polen. Weihnachten würde ein trauriges Fest, fern von zuhause. Eine Aktion polnischer Auswanderer rettete wenigstens den Weihnachtsabend in Lyon. Sie kamen mit Kerzen, brachten Bigos, unser Nationalgericht, mit und luden uns zum Essen ein. Ein wenig Heimatduft!

1940

Der Januar brachte eine Kälte, die einem durch die Knochen kroch. Überall gefror der Boden, die Flüsse, die Wege lagen mit Reif überdeckt und waren steinhart. Von der eisigen *Halle de Foire* verlegte man uns deswegen auf den Flughafen Lyon-Bort. Doch die dunklen Kasematten des alten Forts waren auch nicht wärmer, wir fanden kaum Schlaf. Die mit Spreu gefüllten Matratzen hielten die Kälte des Bodens nicht ab, sie drang durch die dünnen Wolldecken. Der kleine Ofen in der Mitte des Raums mit dem dünnen Kaminrohr wurde am Abend vollgestopft mit Holz. Erst glühte er, dann sank die Temperatur so rasch, als ob jemand einen Stöpsel gezogen hätte. Wir zogen an Kleidern über, was wir besassen, und erwachten trotzdem nach kurzem Einnicken wieder. Nur zueinander auf die Pritschen kriechen half. Nicht genug der Probleme! Die eingefrorenen Toiletten nervten! Einige benutzten den Ablauf im Waschraum für ihr Bedürfnis, so lange, bis auch dieser einfror. Wir feuerten den Ofen neu an, hüpften von einem Bein aufs andere, schwangen die Arme, bis etwas Wärme zurückkehrte. Durch das Feuer im Ofen fehlte uns aber Sauerstoff, an Fensteröffnen war nicht zu denken bei zehn Grad minus. Erst nach dem Frühstück, das wenigstens schmeckte, pumpte das Blut wieder voll durch unsere Körper. Leutnant Nowak reklamierte beim französischen Hauptquartier. Mehrmals lud man uns deshalb abends zum Aufwärmen in eine gut geheizte Baracke ein. Es kam Wein auf den Tisch. Sofort stieg unsere Stimmung. Solche Abende waren für unsere Moral wichtig. Wenigstens waren wir ab da nicht mehr kurz vor dem Erfrieren und man war wieder jemand, glaubte wieder an eine Mission. An langen Tischen stieg die Laune, und bei einem Gläschen Wein kehrten die Lebensgeister zurück. Es hatten sich kleine Gruppen gebildet. Miki und ich steckten die Köpfe natürlich mit Lip, Zeblik, Jacub und Wladimir, dem gemütlichen Haudegen, zusammen. Unsere Gruppe lachte viel, doch war es kein befreites Lachen. Einmal beschwerte sich Tomek, zwei Tische weiter, über zu wenig Essen. Da packte Wladimir die Platte unseres Tisches und warf sie, zum Gaudi aller, wie einen Bumerang über die Köpfe hinweg Tomek zu. Die Platte segelte in perfekter Balance ihrem Ziel entgegen und Tomek, der sie im letzten Moment auffing und mit zitternden Händen absetzte, rief: »Riesenscheisse, die fliegt ja besser als unsere alte *RWD3*, zum Glück hat keiner den Kopf gehoben. Die Speisen liegen noch drauf.«

Manchmal schwoll der Lärm in der Messe an, es brauchte immer mehr kleine Funken, um uns wieder in die Gänge zu bringen. Die lauten Siegesmeldungen und Landgewinne der Angreifer setzten unserer Moral massiv zu. Ein Gefühl der Machtlosigkeit breitete sich aus. Das war Gift für unsere Truppe. Die Kritik an der militärischen Führung, den Kriegsstrategien der Alliierten, den französischen Autoritäten, wurden zunehmend bitterer. In einer Gruppe eskalierte diese Ungeduld in offene Revolte. Zwei bekamen Knast aufgebrummt, danach kuschten alle. Wie sich die Dinge entwickelten, ängstigte uns. Wir sahen die langen, vollen Züge von Soldaten, die zur Maginot-Linie transportiert wurden. Sie erschreckten uns. Angstvoll beobachteten wir diese Geschehnisse, kritisierten und diskutierten untereinander. Was wir an Nachrichten aus unserer Heimat hörten, liess unser Herz einfrieren. In dieser Verzweiflung schrieb ich einen Brief heim. Vielleicht würde dieser ja ankommen. Ich vermisste Vaters weisen Rat, seine Liebe.

Lieber Vater,

wie geht es Dir? Bist du noch in Torun? Ich hoffe, Du musst nicht hungern. Als unser Ausbildungslager in Deblin bombardiert wurde, mussten wir fliehen, dies schon Anfang September. Wir setzten uns ab nach Frankreich, wissen nicht, wie es weitergeht, warten auf die Fortsetzung der Ausbildung. Hier ist auch alles ungewiss. Neben Frankreich steht England im Gespräch. Geduld ist nicht meine Stärke, kennst mich ja. Ich mache mir Sorgen, wie es Dir geht und wie es um Polen steht. Alle hoffen, im Krieg fürs Vaterland mitkämpfen zu können. Verlier nicht den Mut, so wie ich ihn nicht verliere. Ich werde für Dich, für mein

Vaterland kämpfen. Hoffe, der Krieg geht schnell vorüber und ich sehe Dich bald wieder. Mir geht es gut!

Herzliche Grüsse Masz

Die Briefe konnten nicht abgeschickt werden. Der Kontakt in die Heimat war unterbrochen. Trotzdem tat das Schreiben gut, es bündelte die Hoffnung auf baldige Rückkehr.
Der Februar brachte für die ganze Truppe endlich die langersehnte Änderung. Unerwartet tauchte Flight Lieutenant Wilkinson auf. Der Kommandant der Freiwilligen Reserven der Royal Air Force. Ein Mann gesetzteren Alters, ruhig, humorvoll, ohne Allüren. Wie vom Himmel gefallen, ratterte er in einer alten britischen Kampfmaschine über das Flugfeld und landete sicher. Beim Vorbeigehen grüsste er freundlich und installierte sich in der hintersten Baracke. Er war in besonderer Mission gekommen. Eine Art Rekrutierungsoffizier der Royal Air Force (RAF). Zusammen mit zwei Corporals machte er sich an die Auswahl von Freiwilligen für einen Einsatz bei der RAF. Er suchte Piloten, Radiooperateure, Gewehrschützen, Funker, Mechaniker. Die Ausgewählten sollten umgehend nach England transportiert werden. Ausbildung und Umschulung auf die Flugzeugtypen *Hawker Hurricane* und *Spitfire* in England, der führenden Macht der Alliierten! Eine Hammeraussicht! Mit der Anwesenheit von Flight Lieutenant Wilkinson eröffnete sich eine

neue Dimension. Weg von hier, die Ausbildung abschliessen, im Luftkampf eingesetzt werden! Wilkinson und seine Assistenten markierten Präsenz und Stärke, Ordnung und Sicherheit. Sie versetzten uns in einen wahren Rausch. Man sah, dass nun solides Personal am Werk war. Begeistert beobachteten wir jeden Schritt von ihm. Stolz und ohne aufzumucken erfüllten wir unsere Pflichten. Wir wollten uns als gute Soldaten präsentieren. Lieutenant Wilkinson traf präzise Entscheidungen. Unser verlorengegangenes Selbstvertrauen baute sich wieder auf. Er war ein Fachmann. Weshalb sonst sollte er hierherkommen, wenn nicht in ernster Absicht. England brauchte Piloten im Kampf gegen die Deutschen und dafür versuchte Lieutenant Wilkinson möglichst viele von uns zu gewinnen. Er sprach ein paar Brocken Polnisch, was ihn noch vertrauenswürdiger machte. Zudem war er umgänglich und unkompliziert. Unsere kleine Gruppe suchte schnell Kontakt. Wir boten uns als Helfer an, versahen rund um die Uhr kleine Dienste, wie Getränke organisieren, Botengänge übernehmen, Putzarbeiten verrichten. Dies vertrieb Langeweile und Ungeduld. Zudem rutschten unsere Namen auf der Merkliste der Freiwilligen ganz nach oben. Lieutenant Wilkinson sah schnell, dass unser jugendlicher Eifer, unsere Entschlossenheit, endlich Frankreich zu verlassen, genau die richtige Mischung war für tapfere und loyale Kampfpiloten.

»Dzielni przyjaciele (tapfere Freunde), unser Traum

wird bald Realität«, wiederholte Miki jeden Abend. Dann umarmten wir uns, klopften uns auf die Schultern, wie ein Schwur. Ende Februar war es so weit. Unter grösster Geheimhaltung wurden wir in Cherbourg auf ein britisches Kriegsschiff gebracht, mit Ziel Southampton. Noch in derselben Nacht legte es ab. Miki, Lip, Zeblik, Jacub, Wladimir und ich hatten es geschafft! Nun zählten wir zu den polnischen Piloten, die in der RAF mitkämpfen würden.

Royal Air Force

Unser Eintreffen in England war grossartig. Eine Militärband spielte am Pier Märsche und Polkas, als wir an Land gingen. In einer grossen Halle empfingen uns britische Kollegen mit Applaus und Erfrischungen. Diese Ehrung gab uns ein Stück unseres fast verloren gegangenen Selbstwertgefühls zurück. Strahlend prosteten wir uns zu. Besonders Miki blühte auf. Er, der sich kaum hatte unterkriegen lassen, war auch jetzt der Euphorischste.
»Da seht ihr mal, was eine richtige Fliegertruppe ist! Mit England sind wir gut dran, Top Ausbildung, professionelle Truppe, effiziente Flugzeuge. In ihrem Truppenverband stehen unsere Chancen gut. Ihr werdet sehen, jetzt geht die Post ab.«
Voll motiviert verschwanden Pies und Puddings in lachenden Mündern von glücklichen, wackeren Kerlen, die für Britannien und Polen in den Krieg zogen. Was kam, würden wir meistern als britische Kampfpiloten. Als ein britischer Kollege aus einer Papierserviette einen Flieger faltete und mir zuwarf, dachte ich an dich, Lalo, du Freund aus Kindertagen! Der sensationelle Empfang lenkte von der schweren Aufgabe ab, die vor uns lag. Nach dem Feiern ging es weiter per Lastwagen in die älteste RAF Station Englands, *Eastchurch*, im Südosten, nördlich von Canterbury. Momentan ungenutzt, bot sie sich als Ausbildungscenter

für polnische Piloten an. Schon am nächsten Morgen kleidete man uns in RAF-Uniformen ein, bildete Gruppen. Der britische Offizier Abbott übernahm das Kommando: »Soldaten, ab jetzt gehört ihr zur britischen Armee und untersteht der britischen Krone. An der Front brauchen wir jeden Mann. Macht unseren Nationen Ehre. Wir kämpfen Seite an Seite, und dazu wünschen wir euch viel Mut.«

Leutnant Damasz wurde direkt an die Front abberufen. Dass wir Damasz so schnell verloren, tat mir weh. Doch im Krieg haben Emotionen keinen Platz. Wir standen noch strammer, grüssten. Auch Wladimir trauerte Damasz nach.

»Damasz war ein fairer Vorgesetzter«, sagte er. Ich pflichtete ihm bei, doch für Nostalgie blieb keine Zeit. Man brachte uns in einfache Unterkünfte. Blitzsauber, gut eingerichtet, die Pritschen im grossen Schlafsaal mit Decken und Kissen ausgestattet, das gefiel uns. Jeder bekam seinen Spind für persönliche Sachen. Das wenige was ich noch besass, füllte diesen nicht. Was in den nächsten Monaten an Drill auf uns zukommen würde, konnten wir nur ahnen. Momentan jedoch bestand die vergnüglichste Aufgabe darin, den Linoleumboden der Unterkunft mit extra weichen Slippers zu polieren. Bei dieser Aktion vergassen wir unsere Sorgen. Die Aktion geriet zur wilden Skatingjagd quer durch den Saal. Eher Ferienlagerstimmung als ernst zu nehmende Ausbildung zum Kampfflieger. Genau das tat uns gut! Der Mensch schützt sich in Stimmungstiefs mit Rumalbern. Ich jedenfalls verdrängte, was auf mich zukam: allein in einem Kampfflieger mitten durch die Feinde kurven. Ich wollte es mir nicht vorstellen, wollte nicht denken, was nicht auszudenken war.

Die Ausbildung in der RAF ging Schlag auf Schlag. Uns begeisterte das; möglichst wenig Zeit verlieren. Wir hängten uns voll in die Seile und ernteten Lob der Vorgesetzten. Viel war neu, gut war die Grundausbildung aus Deblin solide. Mit Sorge aber nahmen wir wahr, wieviel Nachschub an Piloten gebraucht wurde. Verlust, dieses Wort erschreckte mich. Dahinter standen Schicksale, Leben von jungen Männern wie Miki, Zeblik, Piotr, Wladimir, Lip und mir, alle viel zu jung, um in dieses tödliche Spiel geschickt zu werden.

Zügig wurden wir auf die Supermaschine *Spitfire* umgeschult, der Einzigen, die der *Messerschmitt* überlegen war. Ein Highlight für uns junge Piloten. Die Umschulung von der polnischen RWD8 auf die Spitfire verlangte von uns Flexibilität, Fleiss und viel Flugtraining. Wir büffelten fast Tag und Nacht, folgten diesem einen Ziel und hofften, wenn wir unser Letztes gaben, den Krieg zu gewinnen. Schnell wechselten die Airbases. Die nächste Destination *Ramsgate* lag in der Nähe des Kanals gegenüber von Dünkirchen und Calais. Von dort wurden Einsätze aufs Festland geflogen. Nachts übten wir, die Maschinen auf dem Rollfeld startklar zu machen. Wie am Schnürchen musste alles laufen. Miki und ich lernten die *Hawker Hurricane*

fliegen. Bereits drei Wochen später verlegte man uns nach *Manston*! Auch von dieser aktiv operierenden Airbase aus wurden Angriffe über den Kanal geflogen. Die deutschen *Messerschmitts* tauchten aus dem Nebel vor der Küste auf und verschwanden genauso plötzlich, als ob sie in die Hölle flögen. Für uns unheimlich. Nach einem Beobachtungsflug bedrängten wir die Rückkehrer mit Fragen: Hatte man Feindesland überflogen? Waren Angriffe erfolgt? Wie war es, so allein in der Luft? Die wortkargen Auskünfte der Piloten nach dem Einsatz liessen nichts Gutes erahnen. Gefährlich, sagte einer, knapp davongekommen ein anderer. Ihm war der Schrecken noch ins Gesicht gezeichnet. Wir hätten gerne Heldentaten von seinen Lippen gehört. Doch davon erzählte er nichts! Bald war klar: Im Krieg gab es zwar Helden, doch es gab vor allem Angst, Drama, Tote. Es konnte jeden treffen! Uns aber ging es momentan gut. Täglich fliegen, genug essen, genug Geld. Ein kleiner Shop mit Schokolade, Bananen, Sandwiches war tagsüber offen. Ich liebte Schokolade, ich konnte nicht widerstehen.
Mitte Jahr änderte sich die Gangart auf der Airbase *Manston* dramatisch. Konstant hörten wir das Bumm-Bumm schwerer Geschosse. Ein Grossangriff? Er wurde im Radio bestätigt. Sie sprachen von der belgischen Kapitulation, dem Kollaps von Frankreich, der Evakuierung britischer Truppen bei Dünkirchen. Verwirrt versuchten wir diese Nachrichten auszuhalten. Diese starke und moderne Armee, der wir dienten,

evakuieren? Wir glaubten an sie! Dieser Armee sollte es nicht ergehen wie Polen, das innert drei Wochen in die Knie gezwungen worden war. Der Luftkampf war so heftig, auf der Airbase schienen alle die Luft anzuhalten. Wir hörten die Stimme von Churchill im Radio. Er sprach von Tränen und Schweiss, von Kampf um jedes Haus, jede Strasse. England befand sich im Luftkrieg. Keiner wollte es glauben und doch war es so. Viele Flugzeuge, die zurückkehrten, waren durch Beschuss beschädigt. Die Bedrohung der Airbase *Manston* stieg. Man verlegte uns auf die Airbase *Blackpool*. Das hiess Abschied nehmen von Leutnant Nowak. Wir bedauerten diese Trennung. Ein weiteres Mal verloren wir einen guten Vorgesetzten! Er hatte uns aufgemuntert, uns stets gut zugehört und immer wieder motiviert.

»Machts gut, Jungs«, sagte er. Seine Augen glänzten.

»Wir danken, sie waren ein fairer Lehrer«, sagte ich. Er lachte leise.

»Lehrer wäre auch ein guter Beruf gewesen. Wir halten Verbindung!« Ich nickte. Zu unserer Freude wurde uns dafür Leutnant Damasz wieder zur Seite gestellt. Eines Unfalls wegen konnte er nicht mehr fliegen. Um sprachliche Missverständnisse zu verhindern, unterstanden wir ab sofort seinem Befehl.

Blackpool, das bekannte Seebad in der Nähe von Manchester und Liverpool, war für sich ein Widerspruch. Am Irischen Meer gelegen, war es ein beliebtes Seebad, ein Urlaubs-Resort für Familien aus den Städten

Liverpool, Manchester, Leeds und Sheffield. In dieser Zeit in ein Urlaubs-Resort verlegt zu werden, schockte und erfreute uns. Im Guesthouse die letzten Urlauber und wir, die Kampfpiloten! An Weihnachten rückte ein Strom von Familien in Zügen, Bussen und Autos an. Theater, Musicals, Zirkus, Tanzhallen, Lunapark, Unterhaltung und Fröhlichkeit mitten im Krieg. War dieser Krieg zu weit weg, so weit, dass man ihn vergass?

Nach den Festtagen ersetzte das Flugpersonal die Feriengäste. Eine willkommene Einnahmequelle für das Gewerbe! Das Leben in Blackpool begeisterte uns. Neben dem Training bestand unsere Aufgabe darin, von jedem polnischen Truppenmitglied eine Personalkarte zu erstellen. Identität und Personaldaten wurden in die Kartei der RAF aufgenommen. Mit der Aufnahme weiterer polnischer Piloten bekam diese Arbeit immer mehr Gewicht. Dieser vom Kampfgeschehen weit entfernte Ort wurde zur wichtigsten Base des RAF. Britisches und polnisches Personal spannten zusammen wie eine Nation.

In dieser Zeit begann ich mir Gedanken über Miki zu machen. Er war ein guter Kamerad, doch hatte er die unangenehme Art eines Aufschneiders angenommen, was mich irritierte. Miki, der Topflieger! Miki, der Topcasanova! Seine Geschichten verwirrten und langweilten mit der Zeit. Ein Jahr älter, wurde ihm ein etwas härteres Flugtraining zugemutet. Damit glaubte er, Lip, Zeblik und mich unter seine Fittiche nehmen zu müssen, was uns gar nicht gefiel, Wladimir und Piotr war es egal. Mikis Gehabe nervte extrem, irgendwann hatte ich es gehört: Miki, der Einsatzfähige, Miki, der Kämpfer, Miki, der Held?

Bin ich eifersüchtig? fragte ich mich beschämt. Damit ging es mir auch nicht besser. Das Warten war es, das mich zermürbte. Ich fühlte mich nutzlos. In mancher Nacht blitzte die Angst vor einem Absturz durch meine Träume, bäumte sich vor mir auf. Zutiefst erschrocken erwachte ich dann, total verschwitzt. Trotzdem wünschte ich mir einen Einsatz. Es wurmte mich, dass Miki schneller, stärker, grösser war. Doch deswegen eine Freundschaft in Frage stellen? Das ist einfach nur dumm, sagte ich mir.

Die Angriffe über den Kanal wurden immer heftiger, die Gegenwehr immer entschlossener. Die Nachrichten liessen vermuten, dass es nur eine Frage der Zeit war, bis auch ich im Kampf um die Vormacht in der Luft zwischen den deutschen Truppen und England eingesetzt würde. Ich lernte geduldig, trainierte, zeigte mich von der besten Seite. Alle gaben ihr Bestes, Leutnant Damasz war zufrieden. Der mit grösster Härte geführte Luftkampf forderte viele Tote. Schwadronen von deutschen Bombern zogen über den Kanal, von noch mehr Kampffliegern begleitet. Dem musste die RAF etwas entgegensetzen. Da wurde Miki plötzlich nach *Manston* zurückverlegt. Er klopfte mir auf die Schulter, »*see you* Masz«, sagte er und war weg. Was wir nur aus der Ferne mitbekamen: Am

Himmel tobte ein grausames Spiel von du oder ich. Beide Seiten erlitten grosse Verluste. Die Nachrichten von der Front wurden zum gefürchteten Ritual des Abends. Die Piloten kämen ausgepustet und erschöpft zurück, wurde berichtet. Schaudernd standen wir um das kleine Radio, aus welchem krächzend die *News* aus dem Äther unsere Ängste schürten. Trotzdem wollten alle unbedingt zum Einsatz kommen. Die RAF kämpfte mit jedem Mann und mitten unter ihnen unsere polnischen Fliegerstaffeln, zu der wir gehörten. Sie kämpfte wie für ihr eigenes Land. Während der Schrecken an der Front anhielt, ging das Training bei uns in Blackpool weiter. Neu brachte man uns das Formationsfliegen bei: die Vic Formation; fliegen in einer Dreiergruppe. Als wir dies beherrschten, standen alle bereit für einen Einsatz. Gerade da bekam ich einen Malariaanfall. Alle anderen waren im Kampf, ausser Stasiek, der später zu uns gestossen war, und ich. Ich war am Boden zerstört. Mit intensiver Medikamentenbehandlung genas ich. Doch in diesen Wochen nistete sich in meinem Innern Hoffnungslosigkeit ein. Sie war schlimmer als die Vorstellung eines möglichen Abschusses. Der Umstand, nicht helfen zu können, lähmte mich. Ich beneidete Miki, vermisste ihn, seine Witze samt seinen unglaublichen Geschichten. Ich beneidete alle, auch Lip, Zeblik und Wladimir, die jetzt an der Front im Einsatz standen.
Glück nur, dass ich im Ausgang ein Mädchen kennenlernte. Susan hiess sie, eine hübsche Rothaarige, für

sie war ich etwas Besonderes. Einen Piloten vom Stützpunkt zum Freund zu haben, fand sie Klasse. Zusammen gingen wir ein paar Mal ins Kino, wo ich zwar nicht alles verstand, doch das störte mich nicht. Was ich aber klar verstand, war, dass hier Regeln eingehalten werden mussten. Mehr als Knutschen im Kino lag nicht drin. Ich fand Susan süss, war aber nicht bereit für eine Beziehung. Zu ungeduldig wartete ich auf einen Einsatz. Doch mit ihr verbesserte sich mein Englisch überraschend. Bald konnte ich mich fliessend unterhalten, was meine Kommunikation mit dem Tower erleichterte.

1941

Der Winter verging, der Frühling zog ins Land. Ungeduldig wartete ich immer noch auf einen Einsatz. Viele hatten den Befehl bereits erhalten. Ich wurde weiter zum Erstellen von Karteien eingesetzt. Es wurmte mich, und ich vermisste meine Kollegen, langweilte mich abends. Susan war ich bald überdrüssig. Mein Frust wuchs, Scham und Neid quälten mich, die Laune sank auf den Nullpunkt. Dieses Warten empfand ich als persönliche Niederlage, als Demütigung. Ich sprach nicht darüber, und doch schien sie mir ins Gesicht geschrieben. Vater hätte gesagt: Sei froh, du bist noch am Leben. Doch dies konnte ich nicht so sehen. Als dann das Gerücht einer bevorstehenden Verlegung die Runde machte, ging ein Ruck durch mich. Ich strengte mich an, hoffte, und wurde tatsächlich aufgeboten. Ich wuchs um Längen. Mein Gang wurde forscher, mein Blick fokussierter, endlich hatte das Rumhängen ein Ende. Dynamisch führte ich die Befehle aus. Jetzt gehörte ich zu den tapferen polnischen Kampffliegern unter englischer Flagge.

An einem regnerischen Morgen verliess ich *Blackpool*. Von Susan hatte ich mich nicht einmal verabschiedet. Doch ging es nicht an die Front, wieder nicht. Der nächste Stützpunkt war *Nottingham* in den Midlands. Trotz dieser Enttäuschung faszinierte mich diese Destination. Hier flog ich zum ersten Mal den Doppel-

decker *Tiger Moth*. Zwei Wochen später verlegte man mich mit einer anderen Einheit nach Schottland auf den Stützpunkt *Montrose* südlich von Aberdeen. In zwei Sechsergruppen aufgeteilt, wurden wir zusätzlich auf die *Master* eingeschult, ein Monoplane mit Kabine, einziehbarem Fahrwerk, Bremsklappen und anderen modernen Verbesserungen. Eine wirklich tolle Maschine. Fliegen wurde immer interessanter. Uns wurde, obwohl noch ohne Einsatz, Achtung entgegengebracht. Wenigstens ein Trost. Unsere Baracken standen, umgeben von einem schönen alten Park, neben einer Villa. Ihr ehemaliger Besitzer: ein schottischer Adliger. Nun diente diese Villa als Offiziersmesse. Das beeindruckte mich zwar, doch war es das, was ich wollte?
Nachts stellte ich mir das gesellschaftliche Leben in dieser Villa von damals vor. Gäste, die eintrafen, Frauen in prächtigen Kleidern, Tanzabende, Liebespaare im Park wandelnd. Irgendwie lag dieser Groove noch immer in den alten Mauern, wo wir jetzt schmausten. Ich war in den Offiziersstatus befördert worden. In *Montrose*, dem verschlafenen Kaff an der Küste Schottlands, flog ich mit meiner *Hurricane*, hob ab, übte Akrobatik. Wie ein verrückter, flügge gewordener Vogel, lachte ich im Cockpit, als ich über das schottische Grün hinwegfegte. Unten die Bucht, die Stadt, das weite Meer, weiss schäumend lief es am Strand auf. Die Rundsicht war umwerfend, die Maschine wendig zu fliegen. Ich jauchzte laut, winkte mit

den Flügeln. Schottland, kein einfaches Land zum Fliegen! Windböen, peitschender Regen, Nebelbänke, Schneestürme, gleissendes Sonnenlicht! Ein bildschönes Land voll tiefer Melancholie! Sturm und Regen erschwerten den Start, doch dies gehörte zum Alltag eines Piloten genauso wie Fliegen in höchstem Schwierigkeitsgrad, manchmal mit haarsträubenden Manövern. Den Flieger heimbringen war das Wichtigste. Einmal entdeckte ich ein dunkles Objekt auf der Wasseroberfläche, das beachtliche Wellen erzeugte. Ich konnte nicht ausmachen, um was für ein Objekt es sich handelte. Könnte ein feindliches U-Boot sein, dachte ich. Ich setzte zu einem flachen Taucher Richtung Objekt an. Mein Killerinstinkt tauchte so plötzlich auf, dass ich erschrak. War dies der Kick, dem Kriegshelden entstiegen, dieses unerschrockene Agieren, Angreifen, ohne Zaudern, ohne Skrupel? Doch ich konnte das Objekt nicht mehr ausmachen.

Eines Abends diskutierten wir polnischen Piloten am Tisch, weshalb wir nicht mit unseren britischen Kameraden zusammen die Mahlzeiten einnahmen. Wir waren doch ein bunter Haufen von Briten und Polen. Erstmals wurde uns dies bewusst., Waren wir die *other-ranks* im selben Offiziersgrad? Doch eine Aussprache erübrigte sich, die Verlegung nach *Grange-Mouth* nahe Edinburgh stand an. Diesmal für das Operation Training Unit (OTU). Es diente dem Zweck, die Piloten auf ihre bevorstehende Kampftätigkeit einzustellen. In Geschwader aufgeteilt, mussten wir lernen zu agieren und zu kommunizieren. Wir wurden in Kampfstrategie und Flugtechnik, Angriff und Verteidigung unterrichtet und dazu, die Maschinen in Notsituationen noch steuern und heimbringen zu können. Nüchtern strukturierte Materie, eine Beziehung zwischen Lehrern und Flugschülern entstand nicht. Ob gewollt, niemand wusste das. Erst auf eine Bemerkung von Stasiek zu diesem Thema warf der Jüngste der Instruktoren ein: »Wir verlieren nicht gerne Söhne.« Jetzt war es raus! Zu jung für den Einsatz, machte ich mir meinen eigenen Reim auf diese Bemerkung. Das Wichtigste für uns beide aber war: die *Spitfire* zu fliegen. Das Cockpit eng, der Sitz tief, die Schnauze des Fliegers lang gegen oben gerichtet. Keck ragte sie in die Luft. Die Flügel lagen unterhalb des Cockpits angesetzt, deren Enden schwebten nur knapp einen Meter über dem Boden. Dies erschwerte bei der Landung die Balance. Ebenfalls knifflig, der enge Radstand der Maschine. Er machte das Flugzeug am Boden instabil beim Starten und Landen. Zudem versperrte seine lange Schnauze die Sicht nach vorne auf die Piste. So musste man mit dem Kopf mal links, mal rechts an der Maschine vorbei nach vorne schauen, mehr ein Abschätzen über die Seitenfenster, wo genau die Maschine rollte. Bei dem hohen Tempo eine unheimliche Sache. »Daran müsst ihr euch gewöhnen«, lautete der knappe Kommentar des Instruktors.

Die langsame *Hurricane* gegen die schnelle *Spitfire*,

ein Quantensprung. Mit diesem kleinen Pfeil aufzusteigen war grossartig, es packte mich jedesmal! Wendigkeit, Übersicht, Speed! Mit der *Spitfire* kam ich meinem Flugtraum am nächsten. »*Suits good*!«, lachte Stasiek. Er hatte recht! Wenn man sich ins Cockpit setzte, fühlte es sich an wie ein massgeschneiderter Anzug. Das Rollen zur Startbahn gelang mit der Übung immer besser, und auch auf dem Boden liess sie sich sicher steuern. Das Ausbalancieren einer *Spitfire* brauchte Übung. Das war für mich Musik. Der Alleinflug dauerte wundervolle vierzig Minuten. Sie flog fast von selbst. Das *handling* bereitete keine Mühe, der feinste *touch* des Steuerknüppels, und dieser reagierte.

»Die kann ich mit zwei Fingern fliegen«, lachte ich zu Adam und Marijan, so hatte ich mir Fliegen in dieser Supermaschine vorgestellt. Gerne hätten wir dies begossen, doch im OTU gab es keinen Ausgang, ausser zwei Ausflügen nach Edinburgh. So hörten wir meist die Warschauer Konzerte am Radio. Die beiden Kollegen hatte ich in der Gruppe im OTU getroffen. Marijan, ein blonder Kerl aus Krakau, der immer ein Lächeln auf dem Gesicht hatte und Adam, eher ernst und verschlossen. Letzterer kam aus Posnan, auch er stand in der Warteschlaufe zum Einsatz, jung waren wir alle drei. Wir freundeten uns schnell an, soweit Freundschaften überhaupt Platz hatten. Die Gruppen wurden immer wieder neu zusammengesetzt. Ob dies Absicht war, um Verluste besser verdauen zu können?

Meine Begeisterung im *Spitfire* stieg mit jeder Minute, die ich im Cockpit sass. Ich jauchzte in den Himmel, vergass dass Krieg war, vergass die Zeit um mich, flog, als ob ich an einem Spiel teilnehmen würde. Dieses Kribbeln, welches mich in meiner Kindheit gepackt hatte, wenn ich mit meinen Kisten experimentierte, es war wieder da. Meine Papierflieger hatten endlich dieser schnellen Maschinen Platz gemacht. Das vertiefte Ausbildungsprogramm umfasste Akrobatik, Tiefflug und Formationsflug, Luftschiessen. Die Akrobatik sollte uns mehr Vertrauen in die Maschine geben. Mir war dies die liebste Disziplin. Dieses Rumturnen in der Luft versetzte mich in einen wahren Rausch. Beim Formationsfliegen hingegen zählte anderes. Es brauchte viel Konzentration und genaue Steuerführung. Da wurden Kampfsituationen simuliert, die einen unter Stress setzten.
Nach diesem Kurs erhielten wir unser Brevet. Der Schneider seiner Majestät, Grieves & Son am Picadilly in London, kleidete alle Piloten ein. Offiziersstatus, elegante Uniformen, was uns mit Stolz erfüllte. Jetzt gehörten wir dazu. Wir fühlten uns der Aufgabe gewachsen, die auf uns zukam. So dachte ich, als Adam mich fragte: »Haben wir das angestrebt?« »Eigentlich nicht, in meinem Traum ging es nie um Kampf. In meinem Traum zog ich friedlich meine Runden, wollte das Denken der Menschen erweitern, aufzeigen, zu was ein Flugzeug fähig ist. Akrobatik lernen zum Vorführen an einer Flugshow oder Passagiere von A nach

B fliegen, vielleicht den Genuss des Fliegens aufzeigen, eine andere Dimension nahebringen, die Menschen Teil haben lassen an einer aufkommenden Technologie, wie die Überwindung grosser Distanzen. Ich wollte mit Akrobatik die Leute zum Staunen bringen. Ein Held der Lüfte wollte ich sein, kein Kriegsheld.« Er nickte nur. »Die Auszeichnung *Held* hatte für mich eine ganz andere Bedeutung: etwas können, etwas, was andere bewundern, was sie nie selber im Leben ausprobieren würden.« Den Widerspruch zum Kampfauftrag hielt ich fast nicht aus, auch wenn ich jetzt eine *Spitfire* flog. So kann einem das Leben mitspielen. Einen Moment standen wir stumm nebeneinander.

1942

Nach dem abgeschlossenen OTU wurden wir nach Dalcross verlegt. *Dalcross* bot Ablenkung in Form einer Band, die sich Voluntary Auxillery Force nannte. Aus einer ebenfalls in unserer Gegend stationierten Truppe gegründet, liess sie uns mit ihren tollen Auftritten den Druck vergessen. Zum Glück traf ich da wieder auf Stasiek. Wir gingen in den Ausgang, wo wir mit Mädchen tanzten, uns am Leben freuten. Ab und zu besuchten wir das Kino in Inverness, weshalb also lamentieren. »Es sind die kleinen Überraschungen, die das Leben lebenswert machen« sagte ich. Derart erwachsene Weisheiten kamen zwischen Toast mit Butter aus meinem Mund.
»Ich hasse zerlaufene Butter« konterte Stasiek, »dieses halbwarme Zeugs. Ich mags mehr deftig. Das Schönste für mich ist ein Feuer draussen im dunklen Grün der schottischen Landschaft, dazu ein aufgespiesstes Brot mit Käse ins Feuer gestreckt, einen Schluck Whiskey, zusammen anstossen und wie hungrige Wölfe schmausen.«
»Phantast«, schubste ich ihn an, und wir lachten unbändig.
Davon angestachelt fuhr er fort: »In diesen dunklen, fast magischen Nächten, wo man glaubt Feen und Elfen zu sehen, wo die Sterne wie ein funkelndes Dach die sanft grüne Landschaft überdecken...«

»Hör auf, du tönst wie Grossmutter bei der Gutenachtgeschichte.«

Er grinste. Phil wechselte an den Tisch zu uns und fragte: »Kommt ihr am Abend in eine Bar mit Tanz? Da könnt ihr die Grossmutter abschütteln.« Er hatte die letzten Sätze des Gesprächs gehört. Stasiek kratzte sich am Kopf und fuhr mit beiden Händen über sein mageres Gesicht: »Lieber nicht«, sagte er. Seine braunen Augen blickten sanft in die Welt. Ihn beschäftigte das Kriegsgeschehen.

»Irgendwie haben wir das, was wir ab jetzt tun müssen, in Kauf genommen. Ich konzentriere mich aufs Fliegen«, spann er den Gedanken weiter. »Fakt ist, ich darf eine *Spitfire* fliegen, das hilft mir. Daran halte ich mich. Diese geniale Maschine wird mich durch einen Kampf leiten. Jagen und gejagt werden, schiessen oder abgeschossen werden, dies ist das Spiel.«

»Lass die schweren Gedanken, heute wollen wir uns amüsieren«, ermunterte ich ihn. Da nickte er Phil zu.

Als der Instruktor mit dem Strichmund vorbeiging, bellte er uns an: »Nicht quatschen, lernen, wie Maschinen euch heil heimbringen. Überleben heisst es!«

Er hatte ja recht. Beim nächsten Training schlug ich vor: »Komm, wir geben unseren Spits Namen. Meine ist bockig, ich nenne sie Sokò (Falke)«, schlug ich vor. Stasiek grinste vor sich hin, gab seinen gewählten Namen nicht preis!

Wir setzten uns in unsere Maschinen. Ich winkte Stasiek zu. Er machte mit der linken Hand eine sprin-

gende Bewegung, so als ob ein Fisch aus dem Wasser springen würde.
»Aha, deine *Spitfire* heisst Delphin«, sagte ich laut.
»Verdammt, was gibst du da Komisches durch«, fauchte der Kollege im Tower. Den hatte ich ganz vergessen.
»Sorry, eine Erinnerung ist aufgetaucht.«
»Konzentrier dich aufs Fliegen«, ranzte er mich an.
Später, wieder beim Essen, sagte ich zu Stasiek: «So funktioniert Krieg. Von Feinden umgeben noch Mist austauschen. Die Lebensfreude ist kein Mythos. In meiner Vorstellung kann sie einen Absturz verhindern.«
»Das positive *statement* von Masz«, sein Kommentar mit vollem Mund.
Wir waren beim *pudding* angelangt, den Stasiek so liebte und deshalb die Ration von mir bekam. Kichernd und satt verliessen wir die Messe. Ein auffrischender Wind blies uns ins Gesicht! Cumuluswolken kräuselten sich am Himmel, gute Voraussetzungen für einen Übungsflug. Leutnant Karòl gab uns den Befehl für einen *hide and seek* Flug unter seinem Kommando. Ihn kannte ich noch kaum, hatte nur gehört, er sei ein Draufgänger.
Bevor ich auf die Startbahn rollte, winkte ich Stasiek zu. Guten Flug!
Im Schlepptau von Leutnant Karòl stieg ich hoch, flog entspannt, aber konzentriert hinter ihm her. Unter mir die grünen schottischen Hügel, oben blauer

Himmel, die Wolken. Daumen hoch Flug! Ich folgte ihm, bis er plötzlich in die Tiefe tauchte. Ich stellte mich dem steilen Manöver. Die roten Lichter seiner *Spitfire* blinkten. Karòl drehte nach rechts ab, tauchte weiter, vollführte eine Vertikaldrehung, fing den Schwung auf und zog steil in die Höhe. Ich folgte ihm. Meine Kinnlade öffnete sich durch die Schwerkraft. Karòl verschwand in einer Wolke, tauchte kurz wieder auf vor mir, stieg weiter zur mächtigsten Wolke, die unschuldig am Himmel hing. Es war klar, der alte Fuchs wollte mich abhängen. Er wusste, dass die Instrumente, besonders der künstliche Horizont, nach diesen Manövern für kurze Zeit den Dienst versagten. Beim Fliegen durch Wolken ist das Wichtigste, am Vordermann dranbleiben, so hatte ich es gelernt. Also gab ich Vollgas. Bemühte mich zu Karòl aufzuschliessen, schaffte es aber nicht. Karòl schoss in die nächste Wolke und verschwand. Ich, Sekunden später, hinterher. Dicke, weissen Baumwolle. Wo war Karòl? Mein Herz hämmerte. Vor mir nur die Nase meines *Spits*, sonst Weiss um mich. Einzig Luftturbulenzen zeigten, wir flogen nahe aneinander. Zu nahe? Das konnte gefährlich werden! Meine *Spitfire* begann zu schütteln. Ich befürchtete, sie nicht mehr steuern zu können.

Ich muss aus dieser verdammten Wolke, blitzte es in mir auf. Der vertikale Horizont zeigte immer noch kopfüber. Ein Blick auf den Tacho: 230 MPH. Ich zog am Steuerknüppel. Laut wiederholte ich die Leitsätze der Fluglehrer: ruhig bleiben, Maschine unter Kontrolle halten. Das Ziehen des Knüppels kurbelte den Speed an, und ich stieg. Mein Hirn begann zu rotieren. War ich zu hoch? Ich verringerte den speed. Wo flog Karòl? Wie lag ich in Distanz zum Boden? Dem Höhenmesser traute ich nicht. Und der verdammte künstliche Horizont stand immer noch auf dem Kopf. Ich atmete tief durch, jetzt nur nicht in Panik verfallen! Da! Sekunden später half mir der Himmel! Es wurde hell. Ich flog aus dem letzten Wolkenfetzen. Unter mir lag eine grasgrüne Wiese. Inmitten des Grüns stand lieblich ein hübsches Haus, in der Ferne das Meer.

Doch was, wenn ein Flugzeug vor sich nicht Himmel, sondern ein Haus und eine Wiese ausgebreitet sieht? Ich brauchte keine halbe Sekunde, um diese Absurdität zu realisieren. Ritt ich einen verrückt gewordener *Spit*, der drauf und dran war, senkrecht in den Boden zu fliegen? Ich zog den Steuerknüppel! Die Maschine sprang fast nach oben. Meine Kinnlade klappte runter, die starke Beschleunigung drückte mich tief in den Sitz, nahe am *black-out* raste mein Puls, meine Gesichtsmuskeln zogen bleischwer an mir, als die Maschine hochzog. Aufs Hemd durchgeschwitzt, flog ich über die Landschaft. Karòl war nirgends zu sehen. Der künstliche Horizont zeigte wieder normal an. Mit zitternder Stimme meldete ich mich beim Tower.

»Befehl zur Umkehr von Leutnant Karòl«, meldete die blecherne Stimme vom Tower. Mir war dies recht. Ich war klatschnass. Nach der Landung klopfte mir Karòl grinsend auf die Schulter.

»Geh erst mal duschen«, meinte er, wir sehen uns beim *debriefing*.«

Ich trottete Richtung Waschstation, mit immer noch weichen Knien, und nickte. Zum ersten Mal hatte ich eine kampfähnliche Situation zu spüren bekommen. Das *debriefing* begann er mit dem Rat: »In einem Kampf können dir zwei Eigenschaften helfen: Improvisation und Intuition. Kommen diese beiden zum Einsatz, kannst du dich auffangen, wenn nicht, bist du verloren. Die Desorientierung kommt schlagartig.«

»Das war schon heftig«, wagte ich einzuwerfen.

»Stimmt«, sagte er, »doch nur so schaltest du auf Überleben. Dies hängt allein davon ab, wie kreativ du zu handeln fähig bist. Du hast dich gut geschlagen und den Weg rausgefunden. Nur ging er nicht über oben, sondern unten. Aber auch da hast du richtig reagiert. Mit guter Orientierung fliegst du aus der Gefahrenzone. Wenn nicht, landest du jämmerlich in einem Kartoffelacker. Du musst mehr als sekundenschnell entscheiden können. Sonst kostet dich dies das Leben. Du, Stasiek und Marijan seid die Jüngsten von eurer Truppe, deshalb haben wir euch noch nicht in einen Ernsteinsatz geschickt. Doch jetzt seid ihr so weit. Wünsche viel Glück!«

»Danke«, murmelte ich und meldete mich ab. Seinen Rat schrieb ich mir hinter die Ohren. Auf dem Weg zum Spind klopfte mir Stasiek auf die Schulter. »Wir haben es geschafft!« »Ich hatte kurz Probleme, das hat sich aber gelöst. Du hast dich offenbar besser orientieren können.« Ich wusste es zu schätzen, dass keine faulen Sprüche fielen. Unsere Freundschaft hielt dies aus.

Polnisches Fluggeschwader

Als Stasiek und ich ins polnische Geschwader 316 der Royal Air Force eingeteilt wurden, platzten wir fast vor Stolz. Jedes polnische Geschwader bestand aus polnischer *Ground service staff, Polish Commander, Polish higher liason officer, Polish intelligence officer*. Wir trugen britische Uniformen und Rangabzeichen, gehörten der RAF an, speziell gekennzeichnet mit polnischen Insignien. Polnische wie britische Flaggen wehten auf einer Airbase, wo polnische Geschwader stationiert waren. Eine *Squadron* bestand aus acht *fightern*, einem *nightfighter* und vier Bomber *Squadrons*.

Die Airbase *Heston*, das alte Aerodrome, wo wir hinverlegt wurden, lag ausserhalb von London. Eine Graspiste umgeben von Häusern, Strassen und Industrie. Sie wurde unsere erste Einsatzbasis. In zwei Kilometern Entfernung stand ein hoher Gascontainer, der als Orientierung diente, bei schlechtem Wetter jedoch ein Hindernis war. Eine andere Gefahr auf dieser Airbase: die Sperrfeuerballone Richtung City von London. *Heston* beherbergte zwei polnische Fluggeschwader und lag nicht weit entfernt vom Stützpunkt *Northolt* mit zwei weiteren polnischen Geschwadern. Zusammen bildeten diese den *polish fighter wing*, welcher zur berühmten *eleven group* gehörte, die zusammen mit britischen Truppen den Raum zwischen

London und dem Kanal absicherten. Hier lernten wir die tägliche Routine gut kennen. Von hier flog ich meine erste Operation. Ich traf wieder auf Miki und Stasiek, Wladimir und Lip, was wir freudig feierten. Im *dispersal point*, wurden wir auf die bevorstehenden Einsätze vorbereitet. Die Namen der aufgebotenen Piloten, an eine Tafel geschrieben, war immer ein angespannter Moment. Dazu Codenamen der Operation, Route, Zeit vom *take off*. Dann wurde es jeweils still im Raum. Verliessen dann die Aufgebotenen die Baracke, hörte man zuerst das Husten der Motoren, das bald in ein Röhren der zwölf Maschinen überging. Jenen, die dem *take off* zuschauten, blies beim Überflug ein heftiger Wind ins Gesicht. Wie eine Horde hungriger Wölfe, bis zu den Zähnen bewaffnet, verschwanden die Fighter mit einem schnellen Abdrehen übers Meer. Näherten sie sich Schiffen, war der Befehl, sich mit Winken der Flügel als Fighter der RAF bemerkbar zu machen. Am Anfang des Kriegs hatten deutsche Schiffe öfter Küstenstädte attackiert. Dies geschah später nur noch selten. Miki – er gehörte der 315 an – flog seit kurzem Einsätze. Seite an Seite mit britischen Kampffliegern, kämpften zwei Nationen für dieselbe Sache, in denselben Uniformen. Der erste Einsatz von mir spielte sich unspektakulär ab, ein Aufklärungsflug mit Phil. Von ihm konnte ich viel lernen. Er brachte mir den Trick des panoramischen-Sehens bei, der es erlaubte, jede Bewegung bis in den äussersten Augenwinkel wahrzunehmen. Ich übte in der Folge diese Technik.

Der nächste Einsatz war ein Begleitflug entlang der Südküste als Begleitschutz von drei Schiffen. Wie befohlen, gab ich mich erst als britischer Kampfflieger zu erkennen, bevor ich die Schiffe umrundete. Eigentlich eine harmlose Sache, dachte ich. Und doch tickte in meinem Hinterkopf: aufgepasst, ich könnte im Fadenkreuz des Feindes stehen. Dieses Gefühl liess mich nicht los. Ich erzählte dies Miki nachher.

«Das ist o.k. So muss es sein, immer auf Draht», meinte er, «ich mach das genauso. Beim Fliegen musst du alle Sinne einsetzen. Das schützt dich am besten. Unachtsamkeit kann tödlich enden.»

Einige Tage später kam ein ernster Einsatz. Die Glocke in der Messe liess uns erschreckt aufspringen. Ich verschüttete Kaffee, Stasiek fiel das Butterbrot aus der Hand. Der Befehl, ein *fighter sweep*, was hiess, nach feindlichen Flugzeugen auf dem Festland suchen. Für mich war es der erste Überfall auf feindliches Gebiet. Als ich in meinen Spit sprang, die Gurten straffte, fühlte ich mich, als ob ich mir die Maschine als Weste übergezogen hätte. Darin fühlte ich mich stark. Das Geschwader 316 gab mir Sicherheit. Ich startete zwar nervös, konnte mich aber gut konzentrieren. Wir starteten zusammen mit der 315, jedes Geschwader mit 12 Maschinen, in 3er- Gruppen, hintereinander. In der Luft wechselten wir auf 4er-Gruppen, in einer Linie. Dies gab jedem Piloten mehr Bewegungsfreiheit und Übersicht, um feindliche Flugzeuge früher zu entdecken. Ausgerüstet mit modernster Technik für den Luftkampf, flogen wir Richtung Küste. Lockere Sprüche fielen, wohl um die nervöse Spannung zu tarnen. Tief überflogen wir Wiesen und Dörfer, hofften, nicht entdeckt zu werden. Der Blick auf die glitzernde Meeresoberfläche in der Ferne, die verführerisch lieblich blinkte. Wir sahen die Küstenlinie in weitem Bogen. Vor uns flogen die Kameraden die 315. Als wir die Küste erreichten, zogen wir in steilem Kurs hoch bis 18 000 Fuss. Ab da war Funkkontakt strikt untersagt. Der Sauerstofftank spendete Luft in die Atemmasken. Eisig drang die Kälte durch die mit Fell isolierten Overalls. Auf der vorgeschriebenen Höhe verständigten wir uns mit Zeichen. Da und dort stiegen kleine schwarze Rauchschwaden auf. Wir stiegen bis zur Operationshöhe. Aufmerksam suchten wir den Himmel ab nach *Messerschmitts* und *Focke Wulf*, richteten das Augenmerk auf Flughöhe und seitlichen Abstand zum Nebenmann. Stasiek flog neben mir. Wir winkten uns zu. Da wurde die Funkpause unterbrochen. Mit leiser Stimme gab die Stimme durch: *bandit*, im Radar aufgetaucht. Etwas tiefer und seitlich hinter uns, im schwer überblickbaren Winkel, würden wir angegriffen. Wir drehten ab, versuchten sie zu entdecken. Aber auch nach zwei Richtungsänderungen sahen wir: nichts! Nach einer weiteren Schlaufe, keine Spur eines feindlichen Fliegers, kein Jagdflugzeug, kein Bomber. Nach 45 Minuten Flug kehrten wir zurück, immer auf der Hut, denn

die Deutschen würden sich das Glück einer Begegnung mit dem Feind nicht entgehen lassen. Über der grünen Landschaft von England tauten Kabine, Overall und Handschuhe auf. Zurück in der *base* gaben wir durch: Nichts zu vermelden von der Westfront!
Die nächsten Tage trainierten wir weiter Akrobatik, kurvten über England zwischen Wolken und Blau und grünen Grasflächen. Es galt Kräfte zu sammeln für den nächsten Einsatz.
Der Befehl kam überraschend gegen Abend. Die 316 wurde aufgeboten für eine Patrouille nahe Beachy Head an der Küste. Wir rätselten über das unübliche Aufgebot. Der Funk gab keine klaren Instruktionen. Dies löste die Vermutung einer besonders geheimen Mission aus. Während wir um den auftauchenden Nebel über Meer und Küste kreisten, warteten wir auf den konkreten Einsatz. Mit Einbruch der Dunkelheit kam der Befehl zur RAF Station *Northholt* zu fliegen und dort zu landen, was uns sehr verwunderte. Doch Befehl ist Befehl. Weder Stasiek noch ich oder die anderen Kollegen kannten die RAF *Northholt*. Was wir antrafen, war purer Luxus und liess uns jubeln! Asphaltierte Pisten mit Beleuchtung. Dafür forderte uns ein anderes Problem heraus. Nachtlandungen hatten wir mit der *Spitfire* wenig geübt. Erschwerend auch, es ragten rund um das Flugfeld hohe Hangars ins Dunkel. Um uns gegenseitig zu helfen, ordneten wir uns spiralförmig ein. In gestaffelter Höhe kreisten wir über die Station, wobei immer der unterste Flieger

zur Landung ansetzte. Man musste nach den Lichtern suchen, die nur partiell eingeschaltet waren wegen der Verdunkelung. Es kam mehr einem Tasten zum Boden gleich. Ich als Zweitoberster konnte diesen Vorgang beobachten. Ein Licht nach dem anderen setzte auf, ich hörte das Palaver zwischen dem Piloten und dem Operationscenter. Faszinierend, doch meine Treibstoffnadel zeigte nur noch minimalen Sprit an, was die Anspannung ins Unerträgliche hochtrieb. Eine richtige Nervenprobe. Doch alles ging gut! Der Commander der Base hielt den Daumen hoch: »Gut gemacht Jungs« begrüsste er uns.
Tags darauf hiess der Befehl: Rotterdam, mit Zwischenstopp in *Eastchurch*, dem Ort, wo wir erstmals britischen Boden betreten hatten nach der Flucht im Februar 1940. Von Erinnerungen und Gefühlen überwältigt, sass ich da, und eine Welle von Heimweh schwappte über mich. Seit drei Jahren hatte ich meinen Vater nicht mehr gesehen, nichts mehr von ihm gehört. Der Krieg nagte an mir mehr als ich wahrnahm. Und welche Jahreszeit hatten wir jetzt? Gab es im Krieg überhaupt Jahreszeiten? Die Aufgabe in *Eastchurch*: Flugbegleitung einer amerikanischen Bomberstaffel. Stasiek und Varek hoben hintereinander ab. Ich flog mit Zoltan. Er war von einer anderen Staffel versetzt worden, flog erstmals mit uns. Um feindlichen Angriffen unter dem Radar auszuweichen, flogen wir knapp über der Meeresoberfläche. Sie schillerte dunkel, mit weissen Schaumkronen. Das

hiess unruhige Windverhältnisse, was über der Meeresoberfläche gefährlich war und grosse Konzentration erforderte. Kurz vor der französischen Küste packte mich eine Windböe und drückte mich runter. Fast gleichzeitig nahm ich im Augenwinkel einen Blitz wahr, hörte einen Knall. Es durchfuhr mich wie ein Stromschlag. Ich brauchte meine ganze Konzentration, um mich selber heil in der Luft zu halten und wieder an Höhe zu gewinnen.

»Stasiek, mir war, als habe es geknallt«, meldete ich, als alles wieder ruhig war, »Zoltans Funk bleibt still, hast du etwas wahrgenommen?»

»Ja, habe ich. Wir warten auf Anweisungen.« Kurz darauf gab Stasiek durch: »Einsatz zu Ende führen.«

Beunruhigt flog ich hinter ihm her. Wo war Zoltan? An diesem Gedanken hing ich rum, als die Bomber auftauchten. Wir winkten mit den Flügeln, um uns zu melden, drehten ab und positionierten uns, sicherten den Rückraum ab. Angreifer zeigten sich keine. Der Schock über das Verschwinden von Zoltan hatte mich aufgewühlt. Zurück auf dem Flugfeld, entstieg ich wackelig der Maschine. Der Blitz im Augenwinkel, der Knall, ich konnte mir beides nicht erklären. Was war geschehen? Die Auskunft des Towers: ein Flugzeug über dem Meer verschwunden, wir suchen, aber wohl verloren, keinen Kontakt mehr. Das konnte nicht sein! Zoltan verschwunden. Hatte die Böe, die mich niederdrückte, ihn in Gefahr gebracht? Vielleicht ein Flügel die Wellen der aufgewühlten See touchiert? Der Blitz, der Knall. Erschüttert standen wir alle beisammen. Erstmals verloren wir einen Kameraden. Wir hatten ihn zwar noch kaum gekannt, aber er war ein Kamerad. Als ob der Tag noch nicht genug Ungemach gebracht hätte, hörte ich, dass Miki sich bei der Spezialeinheit gemeldet hatte, die in Afrika gegen Feldmarschall Rommel kämpfen sollte. Als ich davon hörte, war er bereits unterwegs zu seinem Einsatz. Meine Welt stürzte ein. Kein Wort hatte er darüber verloren! Weshalb hat er das getan, ohne mir was zu sagen? Wollte er Vorwürfen ausweichen? Wollte er besser sein als ich? Eine Leere breitete sich in mir aus. Der Krieg hält sich nicht an Regeln, dies wusste ich. Aber Miki? Er war doch mein Freund. Ich war sauer auf ihn, sauer auf diesen Scheisskrieg, sauer auf alles.

Das Geschehen in der Luft riss mich mit. Auch wenn der Krieg hier weit weg war, war er greifbar nahe. Wir verloren Kameraden, fürchteten uns, selber umzukommen. Dumpfe Träume raubten mir den Schlaf. Bilder von zerstörten Städten, zerschellten Flugzeugen, weinenden Menschen und Kindern, die aus brennenden Häusern rannten. Wo war mein grosser Traum geblieben? Das hier war nur Albtraum. Und noch hatte ich nicht einmal wirklich an der Front mitgekämpft. Wie würde ich es aushalten, Menschen zu töten, feindliche Piloten mit denselben Ängsten in den Tod zu schicken. Musste ein Soldat Zweifel und Ängste verdrängen, damit er einsatzfähig war? Hiess ein Held werden, gefühllos sein? Ein hoher Preis! Ich fürchtete mich davor, einst vor den Trümmern meiner inneren Wertvorstellungen zu stehen. Dann sagte ich mir wieder: Ich trage nicht die Schuld an diesem Krieg, ich führe nur aus.

Gut, fehlte meist die Zeit für solche Gedanken. Wieder nach *Northolt* verlegt, wurden wir zügig auf den *Spit Marc9* eingeschult. Dieser speziell ausgerüstete Flieger zündete in 16 000 Fuss Höhe einen Supercharger, was ihm in der dünnen Luft einen extra *boost* gab, da er sonst in der dünnen Luft an Speed verlor. Diese Neuerung wurde unter uns Piloten heftig debattiert. Und wundersam mein Sold stieg, was ich auch nicht verachtete. Mit dem Geld leistete ich mir erstmals ein eigenes Auto, einen schwarzen Ford. Dieser eigene Fahruntersatz gab mir die Freiheit, die ich so sehr vermisste. Einige Anläufe auf dem Rollfeld, ein paar Runden auf dem Fluggelände, ein paar holprige Starts, dann war die schwarze Kiste fit für die erste Fahrt zum kleinen Dorf in der Nähe. Ein Nummernschild hatte ich auf Umwegen ergattert. Und der Fahrausweis?

»Fahr los, ein Kampfpilot kann auch Auto fahren!«, lachte Stasiek. Ich nickte und gab Gas. Es war Krieg, niemand sah genau hin, man hatte andere Sorgen. Benzin war rationiert, doch die Mechaniker der Airbase wussten immer, wo der begehrte Stoff aufzutreiben war.

Die erste Rundtour durch Dörfer, grüne Weiden nützte ich noch zum Üben. Ich war stolz auf mein

Auto, dieses gemütlich schaukelnde Vehikel. Etwas mutiger, traute ich mich in die Vororte von London. Doch dahin wäre ich besser nicht gefahren, denn die ganze Freude fand nach drei Wochen ein jähes Ende. Der Wagen wurde gestohlen. Mein schöner schwarzer Ford! Da half die Beförderung zum Offizier einer Fliegerstaffel, sie kam gerade recht. Mit dem neuen Abzeichen am Kragen wurde die Arbeit zwar noch hektischer, doch die Einladung aller Beförderten in die British Society machte alles wett. Das Fest in einer Residenz inmitten eines Parks ausserhalb von London war himmlisch. Ein Dank an die Truppen der Royal Air Force!

»Das ist ja ein Schloss« entfuhr es mir, als wir durch die hohen Räume, mit dunkel getäfeltem Holz, hohen Fenstern, zum sonnendurchfluteten Park schritten. Exotische Bäume streckten ausladend ihre Äste weit über den geschnittenen Rasen. *Afternoon tea* in besserer Gesellschaft! Wir trugen unsere Gardeuniform und fühlten uns wie Filmstars. Ich war fasziniert vom Luxus. Mit meinen 22 Jahren hatte ich noch nicht viel gesehen von der Welt und was ich gesehen hatte, war geprägt von Flucht und Gewalt.

Nach der Ansprache eines Officers höheren Ranges, von der ich nicht alles verstand, hängte ein anderer Officer uns eine Tapferkeitsmedaille um. Stolz standen wir in Reih und Glied, nahmen die Ehrungen entgegen, die uns die Position bei der RAF verschafft hatte. Einen Nachmittag lang gehörten wir dazu. Auf langen Tischen häuften sich feine Speisen und Getränke. Ein Schlaraffenland mitten im Krieg. Es war lange her, seit ich solche Köstlichkeiten gesehen, geschweige denn verzehrt, hatte. Ein knisterndes Feuer brannte im Kamin. Auf Silbertabletts lagen feinbelegte Brötchen. Ich genoss diese Fülle! Sollte dies ablenken davon, dass jeder Abend der letzte sein konnte, blitzte es durch meinen Kopf. Wegen all diesem Pomp trugen ab da die täglichen Operationen Decknamen wie: *Rodeo, Ramrod, Circus* oder einfach *Target Support*. Diese Einsätze standen für besondere Aufgaben: *Rodeo* hiess, den Feind suchen und bekämpfen, *Ramrod* stand für die Begleitung grosser Bomber. Bei *Circus* hingegen diente man als Köder. *Target Support* hiess Aufklärungsflug, um einen beabsichtigten Angriff eines feindlichen Bombers aufzudecken. Ich flog ein bis zwei Einsätze pro Tag, ebenso meine Kameraden, die ich deshalb kaum mehr sah. Der Krieg frisst die Beziehungen, hatte Miki einmal gesagt. Er hatte recht, und er fehlte mir.

1943

In dieser Zeit flogen wir von Frankreich bis zu den Benelux Staaten, später sogar bis Deutschland Einsätze. Wenn Formationen von 50 – 100 Bombern Richtung Einsatzziel flogen, sicherten wir den Raum rund um sie ab. Auch dies wurde Routine, wie alles Routine wird. Trotzdem blieb jeder Einsatz gefährlich, die Angst flog immer mit.

Es war ein Tag im März. Drei Staffeln Briten und Polen wurden zu einem Einsatz über Frankreich beordert. In der Nähe von Rouen sollten wir auf eine grössere Bomberstaffel der USA treffen, von einem Bombenangriff der Renault-Werke in der Nähe von Paris zurückkehrend. Die grössten Bombardierungen über Frankreich und den Beneluxstaaten war im Gange. Unsere Aufgabe: aufbringen, vertreiben oder abschiessen der Angreifer, die Bomber ungehindert zurückbringen. Meine Staffel wurde über den Kanal an die französische Küste geschickt. Schon bald registrierten wir eine intensive Luftraumaktivität. Unzählige Kondensstreifen zogen sich über und unter uns durchs Blau. Wessen Kondensstreifen? Feindliche oder eigene? Mit einem Mal gewahrte ich ein beunruhigendes Phänomen. In nicht allzu grosser Distanz, auf gleicher Höhe des Horizonts, lag eine weisse Schicht Wolken vor uns. Nicht sehr dick, doch in wellenartigen Bewegungen pulsierend, wie aufsteigende Blasen von kochender Milch, oben dunkle Spots ausspuckend. Unsere nebeneinander fliegenden Maschinen erlaubten den Austausch über dieses Phänomen.

»Siehst du die seltsame weisse Schicht auch? Weisst du, was das ist?« fragte ich Stasiek.

»Keine Ahnung«, tönte es aus dem Funk. Ein paar Sekunden später rief er: »Das sind die amerikanischen Bomber!«

Tatsächlich! Mit vier Triebwerken ausgestattet, pflügten sie durch die Luft, enorme Kondensstreifen hinter sich ausspuckend. Wie eine Festung lag diese weisse Wolke in der Luft. Respekt einflössend! Solche Formationen nannte man *flying fortresses*. Wir umflogen diese nebelspeienden Ungetüme. Sie lagen unschuldig auf dem weisskochenden Nichts, schraubten sich mit enormer Kraft durch die Wolken. Der Anblick war unheimlich und für mich total neu.

»Krass!«, rief ich; Stasiek hielt den Daumen hoch.

Ich bezog Position, sicherte rundum ab und schob mich von hinten an die Wolke heran. Die Bomber abzuschirmen war meine Aufgabe. Gerade als ich mich am richtigen Platz glaubte, begrüsste mich ein Strom Lichtspurgeschosse, glücklicherweise über meinen Kopf hinweg. Das war knapp! Ich erinnerte mich, dass jedes sich nähernde Flugzeug für den Bordschützen des Bombers ein potenzieller Feind war. Mit meinem kurzen Pendeln nach rechts klärte ich meine Zugehörigkeit und brachte mich aus der Gefahrenzone.

Und dann wurde alles hektisch! Ich flog an der linken

Seite der Formation, wo ich guten Überblick hatte, als ein Angreifer auftauchte. Stasiek flog rechts, also übernahm ich. Ich brachte mich mit einem Manöver in Stellung. Dann schoss ich und, oh Wunder, traf. Mit einem defekten Flügel drehte er sich wie eine Spindel abwärts. Ich fühlte keinen Triumph, als ein Fallschirm sich öffnete und verschwand. Gerade in diesem Moment hörte ich Schreie im Funk, kurze Befehle, ein nicht identifizierbares Geräusch, das sich in einen Warnschrei verwandelte. Deutsche Kampfflieger greifen an! Ich löste meinen Blick vom abstürzenden Flieger und wollte mich orientieren, sah aber nur weiss! Wo war Stasiek, wo die anderen? Die Staffel musste, im kurzen Moment meiner Betroffenheit des abstürzenden Fliegers, einen schnellen Richtungswechsel vorgenommen haben. *Never stay alone in the enemy`s sky*, das Credo aller Kampfpiloten. Ich flog allein durch den weiten Himmel voller fliegender Objekte, von denen sicher gut die Hälfte feindlich war. Was hatte Karòl gesagt: Instinkt und Selbsterhaltungstrieb halten dich am Leben. Ungewöhnliche Situationen fordern ungewöhnliche Entscheide. Dieser Leitsatz gab den nächsten Schritt vor. Kriech näher an den Bomber, stell dich in den Schutz seiner Waffen, dachte ich. Ich stieg, winkte mit dem Flügeln dem hintersten Bordschützen zu, um anzuzeigen, dass ich zu ihnen gehörte. Die Yankees zeigten sich solidarisch und eskortierten mich aus der Gefahrenzone, eine Umkehr der Task. Durch den von Flugaktivitäten berstenden Himmel, gut versteckt und trotzdem aufmerksam, drehte ich ab und stieg durch die Kondensstreifen aus dem Dunst der Ungetüme. Unter mir tauchte die Landschaft auf, von oben friedlich und schön.

Doch ich wusste, der Krieg grub seine hässlichen Krallen in Felder und Dörfer. Wo Menschen in Friedenszeiten Getreide anpflanzten, lag die Erde übersät mit Schrott und Flugteilen, nicht zu reden von den tausenden Toten. Ich kann nicht mehr tun als tapfer mitkämpfen, sagte ich mir selbst und setzte mein akrobatisches Können ein, um eine bessere Übersicht zu bekommen, als ich eine Bewegung hinter mir wahrnahm. Eine *Focke-Wulf* griff von hinten an. Ihre Position lag für mich im toten Winkel unter mir. Es war knifflig, ihren Angriff zu parieren. Der Pilot versuchte mit Vollgas an Höhe zu gewinnen, um in gute Schussposition zu kommen. Für mich gab es nur einen Weg: Vollgas, an Höhe gewinnen, was das Zeug hielt! Ich zog am Steuerknüppel, und meine *Spitfire* stach in die Höhe. Um den Supercharger zu zünden, musste ich erst 16 000 Fuss erreichen. Sonst hatte ich keine Chance, diesen Angriff zu überstehen, denn mein *Spit* würde an Power verlieren in der dünnen Luft. Riskant! Jederzeit konnte eine zweite Maschine dem deutschen Kollegen zu Hilfe kommen. Ich zog meine Maschine hoch, so gut ich konnte. Da, nur Sekunden später, erwachte der Tiger. Der Supercharger gab den nötigen Schub. Wie mit einer Faust in den Sitz gedrückt, klappte meine Kinnlade nach unten, atmen ging schwer. Aber innert Sekunden hatte ich dafür jenes Quäntchen Vorteil, um den Angreifer abzuschütteln. Sofort leitete ich ein oft geübtes Manöver ein. Speed drosseln, enger *sliding down turn*. Die Flugakrobatik, meine Lieblingsdisziplin, konnte ich voll einsetzen. Immer mehr gewann ich das Vertrauen in den Flieger, der mir fast übergestülpt vorkam. Die wendige Maschine drehte sich um beinahe 180 Grad. Der verblüffte Angreifer, noch im Steigflug, blickte überrascht auf meine Maschine im Sinkflug. Ich verbesserte den Schiesswinkel und eröffnete das Feuer. Zwar nicht optimal, doch das Rattern meiner Schüsse tat meiner Moral gut. Damit zeigte ich dem Angreifer, dass mit mir nicht gut Kirschen essen war. Wir flogen dicht aneinander vorbei, das Augenweiss des anderen blitzte auf. Sofort drehte ich meine *Spit* ab, zog sie hoch in rasantem Tempo. Die Maschine gehorchte und stieg direkt der Sonne entgegen. Wieder wurde ich in den Sitz gedrückt. Den Kopf zwischen den Schultern, fast blind, brauchte ich einen Moment der Orientierung, dann nahm ich meinen Angreifer erneut ins Visier. Gut machte der sich bereits aus dem Staube. Ich sah ihn entfliehen. Doch mit meiner Geheimwaffe, dem Supercharger, nahm ich die Verfolgung auf. Der Fliehende glaubte, mir entwischt zu sein. Doch ich verkürzte den Abstand und schoss ein zweites Mal. Etwas Rauch stieg auf, die Focke-Wulf tauchte ab und verschwand. Ich drehte ab. Die

Bomber waren verschwunden. Nun musste ich dem Luftschlachtfeld entkommen. Da tauchte eine *Spitfire* auf. Stasiek! Glück gehabt! Ich winkte mit den Flügeln, und zusammen traten wir den Heimweg an. Auf der Base wurde ich für meine Tapferkeit gelobt.

Als ich in die Offiziersmesse kam, lag an Lips Platz eine schwarze Schlaufe. Er starb für sein Land, wir behalten ihn in Ehren im Gedächtnis, war golden aufgedruckt. Lip, der Kerl mit dem heftigsten Heimweh. Eine tiefe Trauer erfasste mich. Mir liefen Tränen über die Wangen. Nun muss die kleine Maja ohne Papa aufwachsen, dachte ich. Erst versteckte ich meine Betroffenheit, schloss einfach die Augen. Die schwarze Schleife blieb unter meinen Augendeckeln haften wie ein Mahnmal. Ist das alles, was bleibt? fragte ich mich verzweifelt. Es hätte auch mich treffen können! Diese aufwühlende Erkenntnis stand stumm über jedem im Raum. Augen auf die Teller gerichtet, kauten wir still. Von einem Moment zum anderen vom Leben getrennt werden, einem Leben, das vor uns lag, voller Pläne und Hoffnungen.

»Wer hat diesen Krieg befohlen? Wer die falschen Worte ausgesprochen? Wer den Hass entflammt», durchbrach ich die Stille. Bitter fielen diese Worte aus meinem Mund. »Ich mag Menschen, freue mich, mit Menschen zu sprechen. Vielleicht hätte ich mit einem der Feinde Freundschaft geschlossen. Den Befehl zu diesem Krieg gab dieser machtbesessene Wichtigtuer.« Es war, als ob mein Mund sich selbständig gemacht hätte. Meine Wut war tief und schmerzte mich physisch.

»Das nützt nichts«, sagte Stasiek. »Wir müssen den Krieg gewinnen. Einzig das zählt.« Er hatte sein Essen nicht angerührt. Es ging allen nahe. Wir verzogen uns nach der Mahlzeit auf unsere Pritschen. Jeder wollte mit sich allein sein. Obwohl hundemüde, konnte ich nicht einschlafen. Dunkelheit umgab mich, und doch war sie voller Licht, wenn ich an Lip dachte. Mit diesem Licht schlief ich ein.

Am nächsten Morgen Routine, Training, abends Ausgang. Gut, gab es Abwechslung. Wir vereinbarten im *Orchard,* unserer bevorzugten Bar, abzuhängen. Wir brauchten Luft. Mit Piotr und Adam mit den langen Beinen quetschte ich mich als Fünfter in die enge Karre bei Phil und George. Der *Orchard,* eine Bar mit *dancefloor,* lag nur zwei Meilen entfernt von der Airbase. Schon die Fahrt durch das üppige Grün entspannte die Stimmung. Als wir im Orchard eintrafen, standen Stasiek und Varek bereits mit anderen zusammen an der Bar und nippten an einem Drink. Sie prosteten sich zu, schwatzten. Die Stimmung war nicht mehr so gedrückt. Unbeschwertheit und Lachen, fast normaler Feierabend, vielleicht etwas überlaut, doch es tat gut.

»*Dobry wieczòr*«, begrüsste ich meine Freunde und bestellte einen Sip rum/orange. «Was trinkst du?«, wendete ich mich an Adam.

»Weiss nicht, doch ein Bier!«

Piotr war bei einer anderen Gruppe hängengeblieben. Er winkte nur mit der Hand. Adam bestellte zwei Bier und gesellte sich zu der Gruppe mit Piotr.
Mich zog es zum *dancefloor*, wo sanfte Pianoklänge lockten. Der Pianist, ein magerer, älterer Mann mit Zigarette in Mundwinkel und einem Hut auf dem Kopf, spielte eine Improvisation. Er zwinkerte mir zu und wies mit dem Kopf Richtung Fenster im langgezogenen Raum. Dort stand ein Mädchen, das mit dem Fuss im Takt der Musik wippte. Ich nickte dem Pianisten zu. Musik beruhigte mich, gab mir das Gefühl von Normalität. Ich tanzte fürs Leben gern. Für mich eine andere Form von Abheben! Beim Tanzen wurden meine Beine zu Gummi, besonders beim Lindy Hop. Hatte ich das Glück auf eine geübte Tänzerin zu treffen, liess ich sie mit Hüftschwung durch die Luft fliegen. Doch heute Abend fiel es mir schwer. Lips Tod und der überstandene Kampf schwirrten durch meinen Kopf. Ich lehnte mich ans Klavier, musste mich einen Moment sammeln. Als ich aufsah, guckte das Mädchen schnell weg. Wartend betrachtete ich sie. An eine Stütze gelehnt, stand sie da, zierlich, dunkelhaarig, feine Gesichtszüge. Im hellen Kleid mit aufspringenden Falten und Schuhen mit kleinen glitzernden Punkten, sah sie wunderbar aus. Als sich unsere Blicke trafen, lächelte sie. Wartete sie auf einen Tänzer? Ich stellte mein Glas auf das Klavier und ging langsam auf sie zu. Vor ihr blieb ich stehen und wartete. Scheu wich sie meinem Blick aus, lauschte aufmerksam der

Musik, dazu wippte sie weiter mit dem linken Fuss. Der Musiker hatte den Moment erkannt und wechselte auf einen Slow Fox. Sehnsüchtig lockte, umschmeichelte, kletterte die Melodie rauf und runter. Was mich dazu brachte, die Hand des Mädchens zu fassen, vermochte ich nicht zu sagen, doch willig liess sie es geschehen und folgte mir Richtung Mitte, wo ich sie umfasste und mit sicheren Schritten übers Parkett führte. Sie tanzte, ohne mich anzusehen, ohne ein Wort zu sagen, lächelte still vor sich hin. Wir wiegten uns im Takt der Musik. Das Verweilen in diesem Tanz, mit dieser Fremden liess in mir die heile Welt auferstehen, die ich so sehr vermisste. Ein Moment zum Festhalten! Ich sehnte mich nach Liebe, nach Harmonie. Könnte dieses Mädchen mein Mädchen werden? Wie eine Welle stieg Heimweh in mir auf, verebbte wieder und machte dem wohligen, fast vergessenen Flirten Platz. Als das Musikstück verklang, blieben wir stehen. Da sah sie mir in die Augen.
»So sollte das Leben sein, so und nicht anders, ich heisse Masz«, flüsterte ich ihr zu.
»Doreen«, antwortete sie mit leiser Stimme.
Der Pianist gab uns keine Chance für eine Pause. Er stimmte ein schnelles Stück an. Ich übernahm den Takt, wechselte auf die schnellen Schritte, klatschte in die Hände und blickte Doreen herausfordernd an. Mit einem Lächeln klinkte sie in meine Schritte ein und folgte mir mühelos. Unsere Energie verwandelte sich augenblicklich. Sie lachte, drehte sich weg von mir

und zurück in meine Arme. Wir tanzten übers Parkett mit lachenden Gesichtern. Das Stück, ein Bebop, holte unsere Lebensfreude hervor. Es machte Spass, mit ihr zu tanzen. Als die Musik stoppte, sah ich meiner Partnerin begeistert in die Augen.
»Woher kannst du so toll Bebop tanzen?«
»In der Ausbildung, um uns etwas aufzumuntern, haben wir abends getanzt! Wir waren alles Mädchen und freuten uns auf diese Entspannung«, erzählte sie etwas atemlos, da wir unseren Tanz nicht unterbrachen. Im Gegenteil! Der Pianist zog erst richtig los und feuerte uns an.
»Noch einen?« Sie nickte und errötete leicht. Nun gab es kein Halten mehr, der Pianist wechselte zu Lindy Hop. Der schnelle Rhythmus weckte meine Beine auf. Hüpfen, strecken, wippen, drehen, mit Gummiknien, meine Partnerin immer im Auge, drehten wir uns über die Tanzfläche. Sie folgte den Figuren mit einem Lächeln auf den Lippen. Ich improvisierte Figuren, wir tanzten, als hätten wir vorher geübt, mit ausgreifenden Schritten, das ganze Parkett stand uns zur Verfügung. Wir bemerkten nicht, wie sich meine Kameraden um uns reihten, unserem Tanz zuschauten, bis sie begannen, den Takt zu klatschen. Dies heizte unsere Tanzkünste noch mehr an. Der Pianist spielte vortrefflich und schien seinen Spass zu haben. Zusammen flogen wir hinein, in die Welt des Vergessens. Als zwei Mädchen im Kreis auftauchten, lachte meine Partnerin und winkte ihnen zu. Ihre Augen begannen

zu leuchten.

»Meine Freundinnen«, sagte sie. Die beiden standen in der Runde und klatschten mit, als sie sahen, was vor sich ging. Es dauerte nicht lange, wurden auch sie zum Tanzen aufgefordert. Lachend tanzten nun drei Paare übers Parkett. Als ich den langen Adam tanzen sah, bekam ich einen Lachanfall. Doch der liess sich nicht lumpen und warf sein Mädel hoch in die Luft, sodass sie aufschrie. Der Pianist spielte, bis alle atemlos stehenblieben und nur noch klatschten.

»Das war Klasse!« Ich wischte mir den Schweiss von der Stirne und bedankte mich bei meiner Partnerin. Sie begrüsste ihre Freundinnen mit einer Umarmung. Ich klopfte Adam auf die Schulter: »Bin tief beeindruckt«, sagte ich und folgte Doreen.

»Magst du was trinken?« Sie schüttelte den Kopf.

»Lieber noch tanzen, jetzt wo meine Freundinnen hier sind, darf ich noch etwas bleiben«, sagte sie und errötete leicht.

Der nächste Tanz, ein Slowfox, tanzten wir eng aneinandergeschmiegt. Ihr Atem strich über meine Wange, sie wirkte wie ein sanftes Reh in meinen Armen. Wie lange hatte ich Körperkontakt, Zärtlichkeit vermisst? Seit ich im Kampfmodus funktionieren musste? Zwischen unseren Einsätzen blieb wenig Zeit für Gefühle, keine Gelegenheit für Bekanntschaften und Liebe. Als das Stück verklang, behielt ich ihre Hand in der meinen. Es fühlte sich alles so heil an, so wie es in normalen Zeiten in einer Bar mit jungen

Leuten ausgesehen hätte. Die beiden anderen Mädchen unterhielten sich mit Piotr und Adam. Wir gesellten uns zu ihnen.

»Ich komme aus Polen, bin Pilot auf der Airbase. Hab dich hier noch nie gesehen.«

»Ich komme ab und zu hierher, um Musik zu hören oder treffe mich mit meinen Freundinnen, etwas Luft holen vom Alltag«, gab Doreen zur Antwort. Sie wirkte ernst.

»Doreen«, sagte ich, »ich habe fast vergessen, wie es sich anfühlt, ein Mädchen in den Armen zu halten.« Da lächelte sie.

Meine Sehnsucht nach Liebe stieg in mir auf. Schöne Musik und tanzen, wie lange war das her? Sollten wir nicht unsere Jugend geniessen? Einen Beruf erlernen, arbeiten und uns verlieben? Dieser Krieg hinderte uns daran, Freundschaften zu pflegen, eine Familie zu gründen, dachte ich und fuhr mir verzweifelt übers Gesicht.

»Jetzt habe ich doch Durst, gehen wir etwas trinken«, holte Doreen mich aus meinen Gedanken. »Sip orange?« Wir setzten uns an die Bar. Ich bestellte zwei Sip orange, ohne Rum. Erst sassen wir schweigend da, nippten etwas verlegen an unseren Gläsern.

»Megan tanzte mit wem?« fragte sie plötzlich und zeigte auf Piotr.

»Megan ist deine Freundin? Sie tanzte mit Piotr, er ist in meiner Gruppe.«

»Und Ruth schwatzt mit...«

»...mit Stasiek, sie hat mit dem langen Adam getanzt, auch er aus meiner Gruppe. Der neben Stasiek ist Phil.«

Stasiek fuchtelte und gestikulierte, während er auf Ruth einsprach, schien ihr etwas zu erklären. Ich konnte ihm ansehen, dass er an ihr interessiert war. Sie hatte braune, gelockte Haare, trug einen kecken, kurzen Rock, was modern war. Phil stand neben den beiden und grinste.

»Magst du...?« »Musst du...?« Wir lachten, da wir die Frage im selben Moment aneinander gerichtet hatten.

»Was möchtest du wissen«, begann ich erneut und schaute sie an.

»Bist du da oben im Kampf ganz alleine im Flugzeug...? Ich würde sterben vor Angst.«

»Tu ich auch, tun wir alle – es bleibt uns nichts anderes als zu kämpfen.« Ich hatte ihre Aufmerksamkeit, ihre Bewunderung. Es tat meinem Ego gut, eine Frau in Sorge um mich zu wissen. Noch hatten wir dies kaum ausleben können.

»Wir fürchten uns auch vor den Angriffen, den Sirenen«, begann sie zu erzählen. «Im Keller ist es schrecklich, niemand weiss, was oben abgeht, was noch steht, wenn wir rauskommen, ob jene die es nicht mehr in den Bunker schafften, tot sind.«

»Für dich fliege ich und kämpfe, für euch alle. Wir wollen den Krieg gewinnen, so schnell wie möglich.« Ich drückte ihren Arm.

»Ihr seid so tapfer! «

»Nicht tapferer als ihr. Ihr müsst ausharren, müsst die Angriffe überstehen, euch selber helfen, die Verletzten bergen, den Schutt wegräumen. Wenn ich so über die Felder fliege, müssten Menschen jetzt Getreide und Gemüse pflanzen und ernten. Das ist nicht möglich.«

»Mein Vater ist Polizist, er darf bei uns bleiben, aber viele Väter stehen im Dienst, so auch Ruths. Sie hilft im Spital und zuhause. Megan ist Lehrerin und muss immer wieder mit der Klasse in den Keller. Die Kinder sind nachher völlig verängstigt. Ich arbeite im Notfall des Spitals. Das ist anstrengend. Deshalb kommen wir manchmal hierher. Etwas Ausspannen hilft.« Sie schaute auf die Uhr: »Es ist schon spät, ich muss bald heim«, sagte sie und sog an ihrem Trinkhalm bis der Sip ausgetrunken war. Dann schob sie das Glas von sich und winkte Ruth.

»War toll dich zu treffen, Masz.«

»Ich möchte dich wiedersehen, Doreen.«

Hand in Hand gingen wir ins Freie. Draussen in der Dunkelheit fuhr ich durch ihr Haar und sie legte ihren Kopf an meine Schulter.

»*Tomorrow or weekend*? Komm einfach hierher.« Sie strich über meinen Arm.

»*Wkròtce*, auf bald! Vielleicht morgen, vielleicht am Weekend! Der Krieg geht vor, so traurig das ist!«

Sie nickte, drückte meine Hand. Ruth trat aus der Türe, der Zauber des Moments war vorbei. Aus dem Orchard tönte Lachen, Musik, Feierabendstimmung.

Mir war nicht danach zumute. Megan erschien. »*See you*«, sagte Doreen, winkte und verschwand zusammen mit ihren Freundinnen in der Dunkelheit.

Verloren blieb ich stehen. Zurück in der Bar bestellte ich, noch halb träumend, einen Whiskey, um nicht in Wehmut zu fallen. Damit setzte ich mich in die Nähe des Pianisten, der gerade eine Pause einlegte. Er trat mit einem Glas Wasser in der Hand zu mir.

»Toller Tänzer«, schmeichelte er mir.

»Toller Pianist«, gab ich zurück.

»Die Zeiten sind schlecht für die Liebe.«

Ich schwieg, mir war nicht zum Quatschen zumute. Er klopfte mir auf die Schulter.

»Die Liebe passiert einfach, in schlechten oder guten Zeiten. Die Kleine kommt wieder, sie kommt oft. Ich spiel was für dich.« Er setzte sich ans Klavier und spielte das Stück, zu welchem ich mit Doreen eng getanzt hatte nochmals. Wieder fühlte ich ihre zarten Hände, ihren Atem auf der Wange. Wie Verlorene hatten wir uns aneinandergeschmiegt. Konnte ich noch kämpfen nach dieser Begegnung? Ich sehnte mich nach Normalität. Was, wenn ich vor meinen Vater hintreten und sagen würde: Ich will kein Kampfpilot mehr sein, ich will ein Mädchen heiraten. Vielleicht hätte mein Vater das sogar verstanden, doch er hätte sich meiner geschämt. Das ging nicht. Ich musste kämpfen, im Krieg kämpften alle, bis er zu Ende war. Frieden lag noch in weiter Ferne. Das Kriegsgeschrei wurde eher lauter. Die Angriffe verwandelten die

Nächte in brennende Infernos, Städte brannten wie Fackeln. Was spielten sich am Boden für Dramen ab, ich oben, versuchte die Angreifer abzuwehren. Gleiches mit Gleichem vergelten entflammt nur Hass. Gewalt mit Gewalt vertreiben ist keine Lösung.
»Doreen, für dich kämpfe ich weiter! Für dich tue ich alles; in meiner *Spitfire* erfülle ich meine Pflicht«, schwor ich ihr leise. Vor ihr hatte ich meine innere Not nicht verbergen können. War die Musik schuld, der Moment des Tanzes, ihr Duft, ihre weiche Hand in der meinen? Ich hätte sie zurückhalten sollen, doch der Moment war vorbei, und ich wusste nicht ob... bei mir verschoben sich die Einsatzorte fast täglich. Mich verlieben, es war der falsche Moment. Doreen, wie überstehen wir diesen Wahnsinn? Meine Gedanken wurden von Pyszek, der plötzlich neben mir auftauchte, unterbrochen. Auf Grund seiner Gehbehinderung arbeitete er jetzt im Innendienst der polnischen Verwaltung in London. Zum ersten Mal hatte ich ihn in Blackpool getroffen.
»Hey, Masz«, rief er und schüttelte mir die Hand. «Du hier?« Ich freute mich, ihn wieder zu sehen. Pyszek, nach seiner Verletzung in die Administration versetzt, durfte in einer kleinen Wohnung wohnen. An der Fliegerei fand er weiterhin Gefallen. Ab und zu tauchte er bei uns auf. Irgendwie erinnerte er mich an dich, Lalo. Noch voll vom Erlebnis mit Doreen, erzählte ich ihm vom gemeinsamen Tanz mit ihr.
»Sie ist etwas ganz Besonderes. So einem feinen

Mädchen bin ich noch nie begegnet. Ich will sie unbedingt wiedersehen.«
»Wenn du mal zu mir kommen möchtest mit ihr, komm einfach. Ich habe genug Platz, etwas eng, aber es sind zwei Zimmer.«
»Danke, bist ein echter Kamerad.«
»Wann immer du frei hast, gerne. Ich möchte sie kennenlernen.« Er wurde ganz aufgekratzt und fuhr begeistert fort: »Wir könnten ins *Palace Court* gehen, auch mal ein polnisches Restaurant besuchen, dessen Spezialitäten lindern unser Heimweh.«
»Mal sehen, wann das möglich wird«, antwortete ich nachdenklich. «Zurzeit gibt es viele Verluste. Es gilt zäh zu sein, besser als der Feind. Wir fliegen Tag und Nacht Angriffe, verteidigen, jagen, vertreiben und sinken nachher todmüde auf unsere Pritschen.«
»Ich weiss, habe ja täglich damit zu tun. Muss alles dokumentieren, Listen anfertigen, es ist nicht einfach. Ich bin geschockt über Stalins politische Manöver, dem deutsch-sowjetischen Nichtangriffspakt, der Aufteilung Polens, den geheimen Zusatzprotokollen. Sie haben tausende Polen das Leben gekostet«, fuhr Pyszek fort. Ich erschrak.
»Manchmal frage ich mich, wer der Feind ist, gegen den wir kämpfen? Ich melde mich bei dir, sobald ich eine Pause einschalten darf. Doch jetzt ist das Wetter schön, für Flüge ideal, deshalb Einsatz, Training, Einsatz! Morgen blüht mir eine Spezialaufgabe. Da ist so ein irrer Fussballmatch, England gegen Schottland, im

Wembley. Churchill sitze im Publikum, sagt man. Ich muss überwachen. Hoffentlich kann ich so tief kreisen, dass ich vom Spiel was sehe.«
Pyszek lachte. »Eineinhalb Stunden kreisen und kein Spiel sehen, wie langweilig.«
Als Zeblik mir winkte, stand ich auf: »Ich muss dann! Morgen strenges Training, bevor die gemütliche Runde übers Wembley ansteht. Melde mich bei dir wegen einem Besuch. Bis bald.« Wir gaben uns die Hand und ich machte mich auf den Heimweg.
Ich war nicht unglücklich, dass wir nur bis zehn Uhr Ausgang hatten. Das gab mir die Möglichkeit, in Gedanken bei Doreen zu verweilen, von ihr zu träumen. Hatte ich mich verliebt? Innerlich vibrierte ich vor Verlangen, konnte meine Gedanken nicht von ihr lösen. Wie wundervoll bezaubernd und verführerisch hatte sie mit mir getanzt. Ihre sanfte Art, sich an mich zu schmiegen... am liebsten hätte ich meine Uniform in die Ecke geschmissen und mir einen Job gesucht, um mit ihr zusammen zu sein. Wenigstens war dieser Traum für mich ein Ausweg aus dem Kreisen um Kampf und Tod. Das war positiv!
»Doreen, ich liebe dich«, flüsterte ich auf der Pritsche unter der Decke in meiner Kammer. Meine Sehnsucht war unwirklich, ich kannte sie ja noch kaum. Aber war nicht jeder Sprung in eine Liebe utopisch? Diesmal schwebte ich auf den Wolken, flog nicht zwischen ihnen umher. Morgen nehme ich den Tag locker, sagte ich mir. Mit diesem Vorsatz schlief ich ein.

Mai 1943

Das Training am nächsten Tag verlief weniger hektisch als sonst. Und wie von Pyszek vorausgesagt, langweilte mich das Kreisen über dem Stadion während des Fussballspiels. Zurück auf der Airbase wusste ich nicht mal, wer gewonnen hatte. Es interessierte mich auch nicht. Ich träumte lieber von Doreen, schlief gut. Kurz vor Tagesanbruch weckte uns die Einsatzglocke abrupt. Geschwader 315 und 316, Einsatz über Frankreich. Deutsche Formation, über dem Kanal. Wir und die 315 eilten zu unseren Maschinen, machten sie startklar. Das Röhren der Motoren war ohrenbetäubend. Wie eine Schar aufgescheuchter Hummeln stoben wir auf, drehten in dieselbe Richtung ab und stiegen auf Operationshöhe. Zeblik, mit dem Kommando betraut, gab eine kleine Kurskorrektur durch, die Nasen der *Spitfire* senkten sich.

Im Osten wurde es langsam hell. Leichte Wolkenbänder lagen vor der aufgehenden Sonne. Wo waren die Feinde? Wir konnten sie nicht ausmachen, suchten den Himmel ab. Nicht zu wissen, wo der Feind fliegt, ist keine gute Ausgangslage. Wir flogen über den Kanal Richtung Frankreich, als der Tower uns eine feindliche Position durchgab. Und da entdeckte ich sie! Seitlich vor mir, etwas tiefer fliegend, sechs *Focke-Wulfs*. Wie sechs Enten flogen sie nebeneinander bereit zum Abschuss. Wir verständigten uns mit

Zeichen, drehten ab, gaben Vollschub, um aus dem toten Winkel an sie ranzukommen. Anschleichen, wie die Katz die Maus. Nahe genug für einen Abschuss, sahen wir die Focke-Wulfs abtauchen. Wir griffen in steilem Sinkflug an. Der als akrobatischer Könner bekannte Kommandant der 315 voraus, wir hinterher. Kurz darauf winkte dieser mit den Flügeln. Die *Focke-Wulfs* waren verschwunden. War das ein Trick? Wir formierten uns neu und suchten den Himmel ab. Wie hatten sie uns entwischen können? Unverrichteter Dinge mussten wir zurück. Keine Abschüsse vorweisen zu können – ein Fiasko!

Dieses Thema wurde am nachfolgenden Rapport eingehend erörtert. Die *Spitfire* war in dieser Höhe zu langsam. Was tun? Der Techniker schlug vor: mit grösseren Propellern aufrüsten bringt was. »Das gibt zwar mehr Vibrationen, aber auch mehr Schub. Die *Spitfire* sollte diese Vibrationen aushalten können«, erklärte er. Als ich im nächsten Training erstmals mit der aufgerüsteten Maschine hochstieg, glaubte ich das Schütteln nicht auszuhalten, doch der Effekt war umwerfend.

An meinem freien Tag machte ich mich, zusammen mit Zeblik, wieder auf zum *Orchard*.

»Doreen, ich komme«, trällerte ich vor mich hin!

»Du bist heute gut drauf«, lachte Zeblik. »Wie Frauen uns glücklich machen können. Genial!«

»Das ist Magie«, lachte ich, tanzte mit meinen Händen vor seinem Gesicht, was ihn am Fahren hinderte.

»Mach mal halblang, dich hats ja schön erwischt!« Er stellte das Auto vor dem *Orchard* ab. Schon beim Eintreten sah ich sie. Ich winkte ihr zu. Sie freute sich riesig. In ihrem hübsch geblümten Kleid und den Schuhen mit den glitzernden Punkten sah sie umwerfend aus. Sie hatte die Haare hochgesteckt, nur ein paar Strähnen umspielten ihre Wangen. Ich war wie elektrisiert. Der Pianist spielte einen Tusch, als wir die Tanzfläche betraten. Beim gemütlichen Foxtrott schmiegten wir uns verliebt aneinander. Ich umfasste sie, zog sie an mich, konnte sie nicht mehr loslassen. Sie genoss es sichtlich, von mir geführt zu werden. Eng an mich geschmiegt biss sie mich zart ins Ohr und flüsterte: »Tanze mit mir, bis der Krieg vorbei ist!« Ich fühlte mich stark.
»Heute reden wir nicht vom Krieg. Heute tanzen wir den ganzen Abend.«
Wange an Wange führte ich sie über die Tanzfläche, bis das Stück verklang. Eine Weile blieben wir stehen, ich hielt ihre Hände.
»Erzähl etwas von dir«, forderte sie mich heraus.
»Da gibt es nicht viel zu erzählen. Von Kind auf flugzeugverrückt, wollte ich immer Pilot werden. Neben Passagierpilot schwebte mir Akrobatik an Flugmeetings vor. Die Menschen zum Staunen bringen, ihnen etwas zeigen, was sie nicht können. Mein Traum wurde zum Albtraum. Und du als Notfallschwester? Das muss hart sein, gerade jetzt.«
»Ist es, auch deprimierend. Die Verletzungen des

Krieges sind schlimm. Abgerissene Extremitäten, offene Bauchwunden, Brüche aller Art, Kopfverletzungen. Wir behandeln aber nur zivile Opfer. Aber du hast gesagt, wir sprechen nicht vom Krieg.«
Gerade da stimmte der Pianist einen Walzer an. Ich zog sie an mich und begann mich zu drehen.
»Wie kommt das, ein Walzer?« rief ich ihm beim Vorbeitanzen zu. Er lachte, dabei fiel ihm die Zigarette aus dem Mund auf die Hose.
»Shit!« Er sprang auf, wir blieben stehen, sahen ihn streng an. »Vor langer Zeit war ich mal Österreicher. Sagts nicht weiter, auf die ist hier keiner gut zu sprechen.« Er setzte sich wieder und wollte von vorne beginnen. Ich blieb stehen: »Walzer ist nicht mein Tanz«, rief ich ihm zu. Er nickte und wechselte auf einen Marsch: »Besser?« Wir ulkten und lachten. Doreens Lachen war glockenhell. Umgänglich und unkompliziert, entspannt und fröhlich blödelte sie mit. Ich freute mich.
»Ich hol uns was an der Bar, was trinkst du?« Sie zuckte die Schultern.
»Ich nehme einen Schluck von dir«, sagte sie.
»Und wie sieht die nächste Woche aus« fragte sie, als ich mit meinem Glas zurückkam.
»Halt wie immer, normal, nicht wie bei dir«, meinte sie, als wir abwechselnd an unseren Halmen zogen.
»Bei mir ist nichts normal, nur heute Abend, hier mit dir, das ist normal. Was normal auch immer heisst. Eigentlich gar nicht normal, eine Frau wie dich zu

treffen. Ich fühle mich glücklich.«
»Ich mich gar nicht«, zog sie mich auf. Ich nahm sie in die Arme und drückte sie herzlich. »Treffen wir uns nun immer, wenn du frei hast?«
»Gerne, weiss nur nicht, wie das mit meinen Einsätzen geht... Falls ich mal nicht komme, versuche es wieder und wenn ich nicht komme... treffen wir uns nach dem Krieg wieder hier im *Orchard*.« Ich lachte gequält auf.
»Das ist nicht lustig.«
»Nein, weiss ich!« Ich schaute ihr in die Augen. »Heute begleite ich dich nach Hause, dann weiss ich, wo du wohnst.« Sie nickte. Der Pianist schien Gefallen an unserer Zweisamkeit zu haben. Betraten wir die Tanzfläche, spielte er unsere Lieblingsstücke, mal langsam, mal bewegt. Beim Tanzen umschlangen wir einander oder hüpften wie die Wilden übers Parkett.
»Solche Tänzer sind für Musiker ein Geschenk«, lachte er.
Manchmal blieben wir atemlos stehen, hielten uns fest, bis der Atem abflachte. Einmal konnte ich mich nicht mehr zurückhalten und küsste sie auf den Mund. Etwas verlegen fuhr sie über ihre Lippen, errötete leicht. In Wellen pulsierte meine Verliebtheit durch mich. Ich zog sie durch die Tür nach draussen, wo ich sie an mich drückte, bis sie atemlos lachte: »Du erdrückst mich.«
»Sorry, das war alles Liebe.« Mit den Lippen fuhr ich sanft über ihre Wangen, hinter das linke Ohr bis zum

Nacken und zurück zu ihrem Mund, fuhr mit der Hand über ihren Busen. Sie schob meine Hand weg, legte sie an ihre Wange und schaute mich etwas verlegen an.

»Wir versprechen uns, den Krieg zu überleben«, flüsterte ich.

»Versprochen, ja versprochen«, sagte sie. »Ich muss bald heim, Ruth und Megan kommen heute nicht, das habe ich meinen Eltern verschwiegen.« Wortlos machten wir uns auf den Weg, blieben stehen, küssten uns, ohne Worte auszutauschen. Ein wundervolles Schweigen, das mich bis ins Innerste mit Doreen verband. Je näher wir zu ihrem Wohnviertel kamen, desto nervöser wurde sie. Vor ihrem Haus verabschiedete sie sich hastig von mir.

»*My father!*« Aha, der Polizist, dachte ich und liess ihre Hand los.

»*Tomorrow*«, fragte sie mit hoffnungsvollem Lächeln.

»*I hope so*«, antwortete ich und schaute ihr nach. Noch als die Türe bereits zu war, blieb ich stehen, spürte ihre sanfte Präsenz. Mir war heiss vor Liebe. Ihre Nähe, ihre Küsse, hier, in diesem fremden England mitten im Krieg. Unkompliziert und spontan, wie sie im Orchard war, wunderte ich mich über die strengen Regeln zuhause. Sie traute sich nicht zu spät heimzukommen, oder war es ihr peinlich, dass ich sie bis vors Haus begleitet hatte? Bezaubernde Doreen, du bist ein Geschenk für mich! Du gibst mir Kraft. Für dich lohnt es sich zu kämpfen, als Pilot in meiner *Spitfire*. Wir sehen uns wieder, versprochen. Mit diesen intensiven Gedanken kehrte ich nachdenklich zurück zum *Orchard,* wo meine Kameraden auf mich gewartet hatten.

Der 4. Mai 1943 war ein milder, angenehmer Frühlingstag. Am frühen Nachmittag wurden zwei Geschwader in Bereitschaft gerufen für die Operation Ramrod. Der Befehl: Schutz von siebzig amerikanischen Bombern über Holland und Belgien. Unsere Aufgabe: sie sicher aus dem Operationsgebiet zurück zur Airbase *Ramstad* eskortieren. Ich flog in der zweiten Gruppe. Noch ganz euphorisch vom gestrigen Abend, hob ich ab in den wolkenlosen Himmel, dachte an Doreen. Schade, konnte ich sie nicht benachrichtigen. Das nächste Wochenende wird unseres sein, flüsterte ich leise in meinen Helm. Dann konzentrierte ich mich auf meinen Einsatz. Unaufmerksamkeit konnte man sich nicht leisten. Auf Grund der grossen Distanz ins Zielgebiet mussten wir zum Auftanken runter zur Airbase *Manston.* Ich war bei diesem Einsatz Sektions-Leader. Das Tanken dauerte eine Stunde. Dann nahmen wir Kurs Richtung Holland und Belgien, stiegen schnell auf, Radio auf Empfang, Sauerstoff aufdrehen. Aufmerksam scannte ich während dem Steigflug den Himmel ab. Trotz Felljacke und zwei Paar Handschuhen wurden meine Finger klamm. Tief unten schimmerte das Meer. Die Wellen bildeten wandernde Muster. Über dem Festland lag Dunst. Er zog Richtung Frankreich. In der Ferne tauchte die Küste von Holland auf. In offener Formation folgten wir ihr über Knokke. Da meldete der Funk: links unter uns, Flugzeuge, könnten feindliche sein. Vorsicht! Mit der 315 neben uns, etwa 20 Spits, fühlten wir uns sicher. Die Verbindung mit den Kameraden funktionierte, über Funk tauschten wir unsere Wahrnehmungen aus, warnten einander. Eine so grosse Bombereinheit hatten wir noch nie beschützen müssen. Ich spähte nach vorne, nach links und rechts. Plötzlich sah ich vor mir die Bomberstaffel. Riesigen Ungetümen gleich pflügten sie durch die Luft. Über Radio wurden kleine Gruppen deutscher Angreifer gemeldet, die die Formation attackierten. Meine Gruppe drehte links, die 315 rechts ab, als zwei *Focke-Wulf* vor mir auftauchten. Ich gab meine Position durch. Als sie mich entdeckten, tauchten sie ab. Ich machte mich auf die Verfolgung, sah, dass mir meine Kameraden halfen. Jeder versuchte, sich in Schussposition zu bringen. Ich nahm mit einem kleinen Dreh die Verfolgung auf, brachte mich in Stellung. Ein Knopfdruck, laut ratterten die Schüsse. Mit dem letzten traf ich die hinterste Maschine. Rauchend verlor sie an Höhe, trudelte, verschwand unter mir. Ich schaute ihr nach, nur einen Moment. Dies brachte mich etwas weg von meinem Geschwader. Sofort aufschliessen, allein bin ich leichte Beute. In dem Moment wurde mein *Spit* heftig durchgerüttelt. Das Cockpit begann sich mit Rauch zu füllen, die Maschine verlor an Kraft. Der Rauch verdeckte die Sicht auf die Instrumente. Was tun? Aufsteigen? Ohne Sicht ein gefährliches Unterfangen.

»Cholera! Cholera«, rief ich in den Funk. »Gebt mir Feuerschutz. So kann ich mich noch über den Kanal zurückkämpfen.«

Doch die Leitung war tot. Ich verlor weiter an Höhe. Der Rauch wurde undurchdringlich, beissend. Trotz Brille brannten die Augen. Ich zog am Steuerknüppel, versuchte mir die Anzeigen vorzustellen, orientierte mich am Aussen, sah aber nicht viel. Der Verlust an Höhe war rasant. Ich musste mich entscheiden. Wollte ich meine Maschine verlassen, meinen geliebten *Spit* aufgeben? Völlig gestresst zog ich am *Emergency cord*, zum Öffnen der Cockpithaube. Klirrende Kälte griff mir in ins Gesicht, es verschlug mir den Atem. Die Wucht des kalten Fahrtwindes packte mich wie ein wildes Tier. Ich öffnete die Sitzgurten, was mit den Handschuhen schwer ging. Aber ich schaffte es, kletterte aus dem Sitz und schob den Steuerknüppel von mir weg. Es dauerte eine Weile, bis ich loslassen konnte. Als ich mich abstiess in die Weite, glaubte ich, mein Herz höre auf zu schlagen. Ein Gefühl von Einsamkeit und totaler Verlorenheit schraubte mir die Brust zusammen. Unter mir sah ich meine Maschine, Purzelbäume schlagend und rauchend Richtung Erde stürzen. Ich schwebte in der Leere. Eine Leere, die schmerzte. Eben noch hatte ich in meinem kurbelnden und ratternden *Spit* gesessen, nun breitete sich Totenstille aus. Diese plötzliche Stille, dieses Alleinsein bestürzte mich bis in Innerste. Mit angehaltenem Atem sank ich Richtung Erde. Ein lauter Seufzer entfloh mir. Dann schöpfte ich wieder Luft. Unter mir lagen grüne Felder, schmale Strassen, Bauernhöfe. Soll ich den Fallschirm überhaupt öffnen, oder soll ich einfach aufschlagen? Dieser Gedanke blitzte kurz durch mein wirres Gehirn. Ich mochte mir schwere Verletzungen oder die Gefangenschaft nicht vorstellen.

»Doreen, Vater, helft mir!«, rief ich in die eisige Luft. Mit diesem Ruf erwachte mein Überlebenswille. Ich nestelte entlang den Riemen nach der Reissleine des Fallschirms. Sie befand sich nicht an der gewohnten Stelle, was mich erschreckte. War sie beim Aussteigen verrutscht? In heller Panik versuchte ich den Fallschirm zurückzudrehen, als meine Intuition mich warnte. Hätte ich dies getan, wäre dieser ausgeklinkt, ich hätte ihn verloren. Weiter suchte ich nach dem Griff der Reissleine. Da! Sie war bis zu meinen Knien gerutscht. Ich zog die Beine an und packte den dicken Metallring, zog mit einem Ruck daran. Endlich öffnete sich der Schirm. Was für ein entsetzlich trauriger Moment. Ich stöhnte laut auf vor Verzweiflung, Angst, Einsamkeit und Schock. »Vater, was wird aus mir?« Die kalte Luft blieb mir die Antwort schuldig. Bilder von Vater, von Polen, von Doreen im *Orchard* zogen vorbei, wie ein Schwindel, ein Traum. »Und ich Trottel hänge zwischen Himmel und Holland«, schrie ich wütend in die Weite, zerrte an der Halterung. Mit dem Schirm sank ich langsam zu Boden, hinein in eine Postkartenlandschaft, besetzt von der deutschen

Wehrmacht. Wenigstens entging ich einer Wasserlandung, das wäre der sichere Tod gewesen. Unter mir sah ich Wiesen, Bauernhäuser, Strassen und Wege. Links breiteten sich Flüsse und Seen aus. Der Wind trieb mich auf ein leuchtend gelbes Rapsfeld zu, dahinter stand ein Bauernhof. Dumm nur, begann mein Fallschirm zu pendeln wie ein Glockenpendel. Das Rapsfeld verpasste ich, der Hof war eingezäunt mit Draht. Gefährlich! Keine sanfte Landung, das wird hart. Je näher der Boden kam, desto rasanter fühlte sich mein Tempo an. Um dem Draht auszuweichen, zog ich reflexartig die Beine an. Dann schlug ich auf. Schmerz durchzuckte mich von den Füssen bis hoch zum Scheitel. Ein paarmal überschlug ich mich und blieb in einer Senkung liegen. Mit letztem Schwung flog der Fallschirm über mich hinweg und sank wie ein lecker Ballon langsam zu Boden.
Still lag ich in der Vertiefung, musste mich erst fassen. Mir war schwindlig. Alles drehte sich, mein linker Fuss schmerzte wie Feuer. Ich brauchte einige Zeit, um mich zu orientieren. Im Augenwinkel sah ich das Bauernhaus. Die Bäuerin kam angerannt und blieb auf Distanz stehen. Sie sah mich prüfend an. Ich grüsste und murmelte »Royal Airforce.« Da schritt sie zur Tat, packte den immer noch geblähten Fallschirm und versuchte ihn zu Boden zu bringen. Mitten in ihrem Tun hielt die Bäuerin inne und horchte, dann rannte sie davon.

Teil II

Dulag Luft (Durchgangslager)

Der Grund für ihre Flucht wurde Sekunden später sichtbar. Der Jeep, der heranraste, stoppte brüsk. Ein Offizier der Wehrmacht stieg aus. Als ich mich aufsetzen wollte, sah ich zwei breitbeinige Stiefel und eine auf mich gerichtete Pistole. Ein zweiter Offizier packte mich an der Jacke und zerrte mich ohne ein Wort hoch. Ich schrie auf. Mit einer brüsken Handbewegung zeigte er auf den Jeep. Ich konnte kaum stehen, hatte gerade einen Absturz überlebt. Mir war schwindlig, alles schmerzte, doch ich humpelte so gut es ging Richtung Jeep. Mein linkes Fussgelenk brannte wie Feuer. Jetzt bin ich Gefangener der deutschen Wehrmacht! Dieser Satz floss wie Gift in mich hinein. Gefangener des Feindes. Das schmerzte am allermeisten. Etwas zerbrach in mir in diesem Moment. Tiefste Trostlosigkeit überfiel mich, als ich mühsam in den Jeep kletterte. Die Türe knallte zu, dann fuhren wir los. Der Fahrer war jung, hatte blaue Augen, blondes Haar guckte unter dem Helm hervor. Die Fahrt dauerte nur kurz. Unterwegs kreuzten wir Velos, Motorräder und Lastwagen.
Der Offizier lachte: »Die alle wollten dich vor uns verstecken«, sagte er auf Englisch. Meine Stimmung sank

ins Bodenlose. Alle diese Leute hatten mir helfen wollen. Sie kamen zu spät. Genauso, wie das Glück zu spät kam.

Der Offizier zeigte auf die Wiese vor dem Dorf. Im aufgerissenen Boden lagen die Trümmer meines abgestürzten *Spits*. Zerbeult, in Teile zerrissen, ohne Sitz und Steuerknüppel lag sie da. Die Bemalung mit dem Kreis gut sichtbar, auch der Schriftzug *Polish* und die Nummer. Einige Schaulustige umringten sie. Der Jeep fuhr an diesem Unglückswrack vorbei. Es tat weh.

»*You are polish?*«, fragte der Offizier. Ich nickte. Als der Jeep kurz danach stoppte, half mir der Fahrer aus dem Wagen und stützte mich beim Gang zu einem grösseren Gebäude. Ich versuchte meinen Fuss sorgfältig aufzusetzen, bei jedem Schritt zuckte der Schmerz hoch. Er stoppte vor einer Tür und schloss sie auf. Vor mir befand sich ein schmaler Raum mit einer hölzernen Plattform als Pritsche. Unter dem vergitterten Fenster stand ein Kübel. Ich erschauerte. Mein Gefängnis, bis es weiterging! Doch wie ging es weiter? Meine Verzweiflung schmerzte mehr als mein geschundener Körper oder mein Fuss. Ächzend setzte ich mich auf die Pritsche. Die Tür knallte zu. Überrascht blickte ich hoch, als sie kurz darauf nochmals aufging und eine junge Soldatin eintrat mit Tee und einer duftenden Seife. Ich bedankte mich und legte mich wieder hin, versuchte zu fassen, was passiert war.

Ich war in die Hölle geplumpst! Diese Tatsache

musste ich erst einordnen. Gab es Hoffnung? Ja! Erstens: Ich lebe. Zweitens: Ich bin nicht lebensgefährlich verletzt. Drittens: Kampfpiloten werden nicht so hart angefasst. Das hoffte ich, denn der gegenseitige Respekt verlangte dies. Ich trank vom Tee und dämmerte ein. Als ich erwachte, erinnerte ich mich des Traums, der mich geweckt hatte. Ich träumte von dir, Lalo mein Freund, ein Traum aus Kindertagen.

Du warst viel grösser als ich und hast nicht mehr gehinkt. Am schönen See in Polen war diesmal ich der Ertrinkende. Du hast mich rausgezogen und an den Hosenträgern hochgehalten. «Zum Abtropfen», hast du gelacht. »Ich lass dich fallen», hast du mich geneckt. «Das wagst du nicht«, rief ich. In dem Moment begann ich zu fliegen. Ohne Flugzeug flog ich über den Kanal zur Küste, dann den Weg zurück bis zum Orchard, wo ich mit Doreen tanzte. Dann sah ich mich wie ein Vogel über dem Gebäude kreisen, in dem ich jetzt sass. »Da muss ich raus!«, schrie ich.

Ab meinem Schrei erwachte ich, klitschnass. Ich war in die schlimmste Version eines Flugtraumes gefallen. »Lalo, hilf mir!«

Es war bereits dunkel. Ich hörte dumpf Geräusche um mich, ein Brummen. Die Bomber! Doch ich fühlte keine Angst. Ihre Ziele waren Städte, grosse Zentren wie Flughäfen und Hafenanlagen, keine Dörfer und Höfe. Immer noch schwindlig und todmüde, schlief ich wieder ein. Jemand rief: »Hey!« Drei Offiziere standen vor mir, als ich die Augen aufschlug. Sie

befahlen mir aufzustehen. Der eine trat vor mich hin. »*Sorry, I shot you down*«, sagte er und blickte mir in die Augen. Ich zuckte mit den Schultern, versuchte den Schmerz im Fuss wegzudenken. Was hatte ich davon? Sie führten mich aus der Zelle zu einem Jeep. Die Fahrt dauerte ewig und war eine Tortur. Eine Stadt tauchte am Horizont auf. Nun wusste ich, wohin ich gebracht wurde. Nach Rotterdam, in das grosse Gefangenenlager. Da bin ich wenigstens nicht mehr allein, dachte ich. Ist einfacher, wenn Leid geteilt wird. Die Einfahrt durch das Tor erschreckte mich nicht, erst das Herumbrüllen der Aufseher, als ich ausstieg. Befohlen wurde viel, herumgestanden, befragt, geschrien und stehengelassen. Auch ich wurde befragt in einem kahlen Raum mit zwei Stühlen und einem Tisch, sonst nichts. Auf dem einen hockte ein langer Kerl mit schlechter Haltung, ein Zweiter stand daneben, mit gespreizt, gestiefelten Beinen. Ich sass da und wiederholte meinen Namen roboterhaft:
»Mein Name ist Tomasz Knawa, Offizier der RAF, Geschwader 316«.
»Ein anderer polnischer Pilot, auch bei der 316, Bohuslav Zeblik, ist auch abgestürzt«, sagte der Gespreizte. »Er ist während des Absturzes verblutet. Hast du ihn gekannt?« Ich nickte geschockt.
Zeblik! Noch ein Kamerad tot! Es erschreckte mich mehr als mein eigener Absturz. Dieses von einem Moment zum anderen Tot-Sein, daran konnte ich mich nicht gewöhnen. Alles stürzte ein! Jeder Tod eines

polnischen Kameraden würde mich treffen, weil sie, wie ich aus Polen kamen und für die Heimat kämpften. Wie komme ich da wieder raus? Ich war 23 Jahre alt und sah keine Hoffnung mehr!

Wieder in einer Zelle schüttelte mich Fieber, meine Augen brannten. Zudem schmerzte mein Fussgelenk höllisch, es war dick angeschwollen. Als der Offizier nochmals eintrat, fragte ich um Hilfe. Ein Arzt kam, untersuchte kurz. Er war sehr nett und stellte eine Diagnose: »Blutunterlaufe Augen, Schwindel, das Fussgelenk geschwollen und instabil, muss man behandeln«, murmelte er. Er wickelte einen Verband um den Fuss und sagte: »Zur Abklärung ins Spital.«

So humpelte ich zum nächsten Auto, musste eine weitere Fahrt aushalten. Wieder sass ich neben dem Fahrer. Mit dem dicken Verband am Fuss war an eine Flucht nicht zu denken. Ich schickte mich drein, war hundemüde. Weshalb mich auflehnen, wo sich keine Chance auftat?

Meine Gedanken kreisten um die Fragen: Hätte ich den Absturz verhindern können? Was habe ich falsch gemacht? Alles so grotesk! Trotz meiner Verletzungen traf es am meisten meinen Stolz. Ich hatte kämpfen wollen. Mithelfen, den Krieg zu gewinnen, Polen befreien, als Held heimkehren. Nun war ich Gefangener, ausgeliefert der Macht der Feinde. Mir liefen Tränen über die Wangen. »Schmerzen«, fragte der Fahrer. Ich schüttelte den Kopf und zeigte auf mein Herz. Er nickte und klopfte sich auf die linke Brustseite.

In den Vororten von Rotterdam wimmelte es von Militär. Wir kamen nur langsam voran, ich musste auf die Zähne beissen, die Schmerzen pochten bis in die Leiste. Im Spital, einem langgestreckten Bau, humpelte ich in die Aufnahme, musste rumstehen, bis endlich ein Arzt sich meiner annahm. Erschöpft zum Umfallen, stieg ich auf die mir zugewiesene Pritsche. Rund um mich lagen ein britischer Officer eines Geschwaders, das ich nicht kannte, ein Kanadier und ein Kommandant einer US Bombercrew. Er war schwer verwundet. Der Brite hiess Peter, er stellte sich vor. Das Liegen in diesem grossen Saal war unangenehm und sehr anstrengend. Tag und Nacht wurde gestöhnt, geschrien, neue Patienten platziert, verbunden; und es wurde gestorben. Zwischen den sicher vierzig Betten liefen die Pflegerinnen hin und her, immer brannte Licht, die Luft war angefüllt mit grässlichen Gerüchen nach verbranntem Fleisch, Desinfektionsmittel und Ausscheidungen.

Peter war bei derselben Mission abgeschossen worden wie ich, kam aber von einer anderen Airbase. Wir hatten beide Knochenbrüche, meiner komplizierter als seiner, gravierend waren beide nicht. Man band sie ein und nach fünf Tagen verlegte man uns beide ins Transitzentrum nahe Frankfurt, das Dulag Luft hiess. In einem Gefangenenzug des Roten Kreuzes fuhren wir langsam und endlos, mit vielen Unterbrüchen, durch die Hitze. Im Zug unzählige Verletzte, aufgereiht auf Bahren, zum Teil mit schwersten Verbrennungen, sie stöhnten und schrien. Sauerstoffmangel und die schlechte Luft quälten alle im überfüllten Waggon. Unerträglich für die Verletzten, eine Marter für die Schwerverletzten, für manche sogar der Tod. Wir rollten stundenlang durch das liebliche, frühsommerliche Rheintal. Davon erhaschten wir nur durch die Ritzen oder bei den kurzen Stopps ein Auge voll. Der Kontrast unseres Zugs zur friedlichen Landschaft, wo Leute in der Sonne an den Rheinufern sassen, hätte nicht grösser sein können. Wir kamen aus der Zerstörung und fanden hier eine Idylle. Als der Zug in Köln stoppte, stolzierten hochdekorierte Militärs auf der Zugplattform herum wie Pfauen.

Das Durchgangslager *Dulag Luft* beherbergte etwa tausend Gefangene der Luftwaffen alliierter Länder. Die Baracken waren in zellenähnliche Einheiten aufgeteilt. Mich brachte man in eine Einzelzelle. Ein Fenster, verschlossen und vergittert, trotz Hitze. Eine wässerige Suppe, ein Stück Brot, keine Zigaretten, kein Kontakt nach draussen, nur unerträgliche Hitze und lange Einsamkeit. Ich fluchte über meine missliche Lage, fühlte mich hundeelend, zudem sprang das Fieber auf und ab. Durst und Hunger quälten mich. Am zweiten Tag fand ich ein vertrocknetes Stück Brot in der Ecke. Es schmeckte. Die Situation liess keine Zimperlichkeit zu. Meiner Verletzung schenkte niemand Beachtung. Meine Haut glich dem Staub auf dem Boden. Gerne hätte ich mich gewaschen mit der wohlriechenden Seife. Nach zwei Tagen in der Einzelzelle erschien ein Offizier. Zu meinem Erstaunen bot er mir eine Zigarette an, lud mich zu einem Spaziergang nach draussen ein. Ich durfte sogar duschen. Was er wohl vor hatte? Mir war es egal. Eine Dusche bedeutete mir viel. Als das warme Wasser über meinen Körper rann, sich den Weg durch den Staub und Dreck suchte, rannen mir Tränen der Verzweiflung und Einsamkeit runter. Und doch führte ich die Seife wohlig über die fast graue Haut, sog den Duft ein. Seit meinem Absturz hatte ich mich nicht mehr duschen können, hatte vergessen, wie gut man sich nachher fühlte. Als ich mich wieder nach draussen begab, war mir, als ob ich eine Schutzschicht von meiner Haut weggewaschen hätte. Das Lager, der Krieg, mein Heimweh konnten sich nun ungehindert in meine Zellen fressen, machten mich wehrlos, so dachte ich. Der Spaziergang stand mir noch bevor. Ich zeigte auf mein Fussgelenk. Der Offizier streckte mir eine Zigarette hin und so humpelte ich mit. Wir setzten uns auf eine kleine Mauer. Er suchte das Gespräch, wollte mich für die deutsche Sache gewinnen, fragte mich aus über die RAF: Geschwader, Kompositionen, Radiopropaganda und Code-Wörter, Angriffsstrategien, Ausrüstung der Flugzeuge. Es war der Versuch, mich zum Verrat von militärischem Wissen anzustacheln. Er zeigte mir ein Spitfire-Handbuch mit allen technischen Details. Er fragte mich auch: »Sie sprechen Russisch?« Ich zuckte nur die Schultern. Mir war klar, ich sollte gegen das anrückende Russland eingesetzt

werden. Ich ein Spion? Ich schüttelte den Kopf.
Drei Tage kam der Offizier, was mich zunehmend bedrückte. Ich wäre lieber allein in der Zelle geblieben. Der Vorschlag des Deutschen war simpel! Ich würde als VIP nach Berlin verlegt, um bei der Radiopropaganda zu assistieren. Das Angebot aus dem Lager wegzukommen, in der Weltstadt Berlin zu leben, war verlockend. Doch als Verräter aus dem Krieg heimkehren, meine Kameraden im Stich lassen, Verrat begehen am eigenen Land? Dies war unvorstellbar für mich. Wenn der Krieg vorbei war, könnte ich nie mehr nach Polen zurückkehren, dort verurteilt werden, als Überläufer hingerichtet. Mich schüttelte diese Vorstellung. Und! War nicht Russland mit Polen genauso feindselig und brutal umgegangen wie Deutschland? Ich wälzte mich durch die Nacht: Stalin hatte uns angegriffen. Wer war der grössere Feind? Der Deutsche, der mir diesen Vorschlag machte, oder ich selbst, wenn ich über diesen Verrat auch nur nachdachte? Glücklicherweise wurde mir die Entscheidung abgenommen. Der Offizier erschien nicht mehr.

Stalag Luft3 (Stationslager)

Zwei Wochen später verlegte man mich, zusammen mit 40 anderen Gefangenen, nach Sagan, Schlesien, ins Stalag Luft3. Grotesk, ich war quasi daheim. Sagan lag in Polen, nur etwa 300 km südlich von Torùn. Bei meiner Ankunft im Camp erwartete mich eine grosse Überraschung. Am Eingang zum Lager stand Miki. Eine Welle von Freude, von Erleichterung und Heimweh erfasste mich. Wir umarmten uns, und ich musste weinen. Seit meinem Absturz hatte ich versucht, meine Enttäuschung und meinen Schmerz zu verstecken. Ich freute mich unglaublich, vergessen war der Groll gegen ihn. Überwältigt schluckte ich meine Tränen runter und fragte: »Du hier?«

Miki erzählte mir, dass er in Afrika Ende 1942 krank geworden und zurück nach England versetzt worden sei.

»Als ich wieder gesund war, konnte ich wieder kämpfen und wurde vor zwei Monaten abgeschossen. Nordafrika war die Hölle, die Hitze ist unglaublich. Alles klebt dir am Leib, der Schweiss rinnt in die Augen. Und dann der Wind!« Er wischte sich über die Augen und fuhr fort: »das macht dich kaputt.«

»Als du plötzlich weg warst, war ich echt sauer und wütend auf dich. Es hat mich verstört, dass du ohne Vorwarnung, ohne Abschied gingst. Jetzt bin ich froh, bist du da.« Ich schaute ihn durchdringend an.

»Es ergab sich halt grad so. Ich dachte, besser ich sage nichts, so gibt's kein Drama.«

»Das Drama kam nachher, als du weg warst. Weisst du das? Lip ist bei einem Aufklärungsflug abgestürzt, und Zeblik wurde beim selben Einsatz wie ich abgeschossen und ist verblutet.«

»Von Zeblik habe ich gehört, und Lip, das tut mir echt leid, auch wegen seiner Kleinen.«

Mit Miki hier im Straflager zu sein, fühlte sich schon etwas weniger krass an. Wie hatte Lalo gesagt: Gott könnte einmal eine Ausnahme machen! Vielleicht war Miki meine Ausnahme.

»Wie hast du von meinem Abschuss gehört?«

»Wir verfolgen hier im Lager das Geschehen, so gut es geht. Die Gerüchte wuchern. Als ich von deinem Abschuss hörte, hoffte ich, dass du hierher verlegt würdest. Nun sind wir beide Strafgefangene«, antwortete Miki.

Ich atmete tief, konnte nicht antworten, weil Tränen hochstiegen.

»Hey, wir überstehen auch das, wir halten durch, wir überstehen den Krieg.« Er sah mich ernst an: »Ich lass dich nicht mehr im Stich, versprochen.« Seine Stimme klang ganz weich. Ich nickte, und er klopfte mir auf die Schulter. Das tat gut.

Im Lager Stalag Luft3 sassen 700 Angehörige der Fliegertruppen der Alliierten fest, mehrheitlich Briten, viele Polen, Franzosen, Norweger und Amerikaner. Mit der Invasion stieg die Zahl Woche für Woche. Im

Schnelltempo musste das Lager erweitert werden. Dies war die Aufgabe der Strafgefangenen. Sie hämmerten die Balken für die Baracken zusammen, stellten zweistöckige Bettgestelle auf. Im Lager, in einem lichten Wald, standen die hölzernen Hütten versteckt, jede mit acht Abteilen für acht Strafgefangene, was 64 pro Hütte ergab. In der Mitte platziert stand ein kleiner Ofen, der auch als Teeküche diente. Dahinter lag ein Waschraum und angebaut zwei Aborte. In der stickigen Luft konnte man fast nicht atmen.
»Daran gewöhnst du dich«, meinte Miki. Ich war mir da nicht so sicher. Sah ich aus dem kleinen Fenster, blickte ich auf einen vier Meter hohen Zaun aus übereinander geschichteten Stacheldrahtrollen. Bedrohlich umgab er das ganze Gelände. Ein breiter Streifen Niemandsland, der uns von der Aussenwelt trennte, von der Freiheit. Überall hingen Verbotsschilder. Wachttürme standen in jeder Ecke und den Längsseiten entlang. Wachen mit Feldstecher, Telefon, Gewehren ausgerüstet, kontrollierten diese verbotene Zone Tag und Nacht. Sich dieser Nullzone zu nähern war gefährlich. Bei Dunkelheit schweiften rhythmisch Scheinwerfer über das Gelände, leuchteten es aus, ausser bei Fliegeralarm. Eine unüberwindbare Bedrohung.
Zusätzlich wurden sogenannte Maulwürfe eingesetzt, wir nannten sie *Goons*. Sie tauchten plötzlich auf, durchsuchten die Schlafsäle, drehten die Matratzen um, während wir vor unseren Pritschen stehen

mussten. Verdächtige Aktivitäten wurden sofort gemeldet. Wurde einer bei einem Vergehen ertappt, setzte es Einzelhaft ab. Dort liess man ihn schmoren. Faktisch war Entkommen nicht möglich. Die strenge Ordnung sollte Fluchtversuche im Keim ersticken. Die Piloten mit Offiziersstatus durften vom deutschen Personal keine Arbeiten annehmen, hatten aber Privilegien wie extra Zigaretten. Der Tag startete mit einem Morgenappell vor der Baracke. Fehlte niemand, überliess man uns den ganzen Tag unserem Schicksal. Das Essen stellte morgens das Rote Kreuz vor die Baracken. Wir wärmten es auf, meist Kartoffeln, manchmal Sauerkraut, dazu Brot, selten Konfitüre. Kam die Mannschaft mit dem Essen nicht durch, litten wir Hunger. Tagsüber spielten wir Fussball mit einem zerknautschten, mit Lumpen gestopften Lederball. Täglich liefen wir Runden um die Baracken, machten Liegestütze, um fit zu bleiben. Trotzdem blieb viel Zeit zum Grübeln, für Klatsch, Gerüchte über den Kriegsverlauf, Fluchtpläne. Ideen wucherten, das Heimweh wucherte am meisten. Viele schrieben Briefe an ihre Liebsten. Manchmal kam Antwort. Auch ich schickte meinen Brief an Vater ab, doch bekam keine Antwort, was mich sehr ängstigte. Der Abend endete immer mit einem Abendappell. Über Nacht wurden wir eingeschlossen, was mir Klaustrophobie verursachte, die ich nur mit grosser Willenskraft und Atmen im Schach halten konnte.

Wir versuchten uns gegenseitig zu helfen, lasen

einander Bücher vor, unterrichteten uns in Sprachen. In einer Ecke der Baracke hatten Häftlinge eine kleine Bibliothek untergebracht mit einigen wenigen Büchern in Englisch, Französisch. Sogar in Deutsch, was keiner lesen mochte. Mit dem Briten George las ich ein englisches Buch. Er war schon Anfang des Kriegs abgeschossen worden und litt fürchterlich unter Heimweh. Zuhause warteten seine Frau und sein jetzt vierjähriger Sohn auf ihn. Zwischen dem Lesen, als Sprachübung, liess er mich meinen Absturz in Englisch erzählen, auch von Zuhause, von Polen, meinem Vater und Torùn. Wenn ich mich verhaspelte, lachten wir beide über meine Wortkreationen. Leider wollte er kein Polnisch lernen, was ich verstand. Miki versuchte es mit Russischunterricht. Vielleicht brauche man diese Sprache in nächster Zeit, gab er von sich. Unser tägliches Highlight aber waren die Nachrichten der verbotenen Feindsender: BBC, Soldatensender Calais, US Radio. Wir lauschten im Versteckten. Einer musste draussen Schmiere stehen, was keiner gerne tat, da er die News verpasste. Mit mulmigem Gefühl drängten sich die anderen um das kleine Radio, wo unter Rauschen und Kratzen die Stimme der Reporter das Neueste zum Kriegsverlauf mitteilten. Unsere einzige Verbindung zur Welt! Manchmal sangen wir danach Lieder aus der Heimat. Wehmütig erklangen die Weisen aus verschiedenen Ländern, stiegen auf in die Nacht. Unsere kleinen Momente des Glücks! Singen half gegen den Lagerkoller.

In dieser ewigen Langeweile kamen neue Ideen auf, wie improvisiertes Theater spielen, ein Chor wurde gegründet. Ein paar talentierte Sänger im Camp nahmen uns unter ihre Fittiche. Ich, obwohl eher kleingewachsen, sang mit einer tiefen Bassstimme, und so gehörte ich bald dem Sing-Quartett *The Ramblers* an, nach dem Vorbild der amerikanischen *Ink Spot Singers*, nur ohne Gitarre und Cello. Deren Songs wie: *I like coffee - I like tea* hörten wir abends nach den News, lernten Melodien und Texte auswendig. Für eine Abendvorstellung stellten wir ein Programm zusammen, mit Tanzschritten und Sketches, sangen auf einer improvisierten Bühne mit Vorhang. Die Songs, die paar Slapsticks begeisterten unser Publikum. Verbotenerweise sass sogar Wachpersonal in den Reihen, applaudierte und klatschte. Es war Krieg und jeder hielt die unbeschwerten Momente fest. Mit Hilfe des Wachpersonals kamen wir an Material für die improvisierte Bühne, so nach dem Motto: *satisfied prisoners make less trouble*. Sogar eine Gitarre tauchte plötzlich auf.

Das Singen half mir das Lagerleben und mein Heimweh zu ertragen. Seit meinem 19. Geburtstag hatte ich nichts mehr von meinem Vater gehört, was mich in Unruhe versetzte. Immer von neuem schrieb ich Briefe. Ob sie ihn erreichten, wusste ich nicht. Mein Vater fehlte mir, er hatte mir immer gut zugehört. Seine Erzählungen aus meiner Kindheit, oder von meiner Mutter, vermisste ich. Auch nach Doreen sehnte ich mich. Die Zärtlichkeit, wie ich sie mit ihr erlebt hatte, vermisste ich am meisten. Ihre Bitte *tanze mit mir, bis der Krieg zu Ende ist* hinterliess einen Kloss in meinem Hals. Warum nur hatte ich ihre Adresse nicht notiert? Ich konnte ihr nicht mal schreiben. Auf das Kriegsende warten im Lager war hart für alle. Wann würde das kommen, wie würde es aussehen und würde Doreen auf mich warten? Der Krieg zerstörte nicht nur Leben, er zerstörte Beziehungen, vieles bleibt ungesagt, und jeder ist mit seiner Not allein.

Doch das, was allen am meisten zusetzte, war die Langeweile. Sie war erdrückend. So blühten Ideen für Fluchtversuche als Ablenkung, als Zeitvertreib. Das Planen und Träumen von einer Flucht wurde Projekt, Flucht war unser zentrales und ständiges Thema. Allgegenwärtig die verzweifelte Hoffnung, frei zu kommen. Jede Fluchtidee, möglich oder unmöglich, fand Nährboden. Ein geheimer Rat wurde gewählt, dem erst alles vorgelegt werden musste. Er prüfte die Pläne auf ihre Umsetzbarkeit. Umsichtig begutachtet, ob eine Chance auf Freiheit bestand, da jede die Richtige sein konnte. In geheimen Werkstätten wurden Utensilien für eine Flucht hergestellt. Man kaufte und tauschte bei deutschen Wachposten, der sogenannte *hook and crook* Schwarzmarkt blühte.

Ich staunte, was es alles für eine Flucht brauchte! Zivile Kleidung, um draussen nicht aufzufallen. Keine Option waren Uniformen der Deutschen. So verwandelten wir unsere zerschlissenen Uniformen irgendwie in Zivilkleidung. Es brauchte Nähutensilien, Werkzeug, Passfotos, Ausweise, Landkarten, Tickets oder Geld für jene, die ein Los für die Flucht zogen. Wir stahlen von unvorsichtigen *Goons* auch mal einen Revolver und tauschten ihn beim gestressten Besitzer zurück gegen Material, manchmal auch Whisky. Bei einem Schluck Whisky entstanden die wildesten Ideen in den Köpfen. Ich folgte diesen entworfenen Fluchtgeschichten mit angehaltenem Atem, fast wie als Kind, wenn Märchen erzählt wurden.

Da gab es die *wooden horse* Flucht! Das *wooden horse* war eine grosse Kiste, die das Team der Sportenthusiasten für Material in der Nähe des Drahtzaunes abgestellt hatte und für Turnübungen nutzte. Wir übten Überspringen, Handstand, sogar Pferdpauschen. Diese Kiste stand zwischen den Baracken und dem Zaun, der das Niemandsland abgrenzte. Schwitzend und keuchend trainierten wir, was das Zeug hielt. Die Wachposten auf den Türmen beobachteten zuerst, schauten belustigt, später gelangweilt zu diesen verrückten Engländern und noch verrückteren Amis, die sich Tag für Tag abmühten, über die Kiste zu hüpfen, Handstand und Pauschen zu üben, sich Liegestütz und Kniebeugen abrangen. Keiner der Wachposten ahnte, dass die *wooden horse* Kiste so gross war, dass sich zwei Menschen darin versteckten, die, versteckt von der Kiste, unter dem Zaun durch zum nahen Wald einen Tunnel gruben, während wir anderen draussen endlos trainierten. Keiner auf dem Turm sah, dass in der Box Männer Stunde um Stunde gruben und die Erde von den Trainierenden verstreut wurde. Es dauerte ein paar Monate, bis ein Tunnel gegraben war. Wir hatten Zeit. Auf diese Weise gelang ein paar fleissigen Sportlern die Flucht, bis der Tunnel entdeckt, das Leck im Lager gefunden und gesprengt wurde. Andere Fluchtarten, wie Uniformen klauen und als Deutsche verkleidet durch die Wachen in die Freiheit zu schlüpfen, waren gefährlich und endeten meist tragisch.

1944

In diesem Jahr kam die Idee einer grossen Flucht auf. Sie sollte möglichst vielen Häftlingen zur Flucht verhelfen. Ich und Miki halfen kräftig mit. Es gab viel zu planen, organisieren, tuscheln. An drei Tunnelvarianten wurde gleichzeitig gegraben. Alle mussten mit Holzplanken abgestützt werden. Wir montierten Bettplanken, Wand- und Bodenbretter ab. So utopisch das klang, wir machten uns verschwiegen, schlau und fleissig ans Werk. Es war ein Ziel, das uns begeisterte. Was eine Truppe Gefangener zustande bringen konnte, wenn der Wunsch, wieder frei zu sein, übermächtig wurde, machte mich sprachlos. Wir ordneten diesem Projekt alles unter. Für Monate stand uns harte Arbeit bevor. Ein Arbeitsplan wurde aufgestellt. Das grösste Problem, das uns umtrieb, war die Frage, wohin mit der ausgegrabenen Erde. Nach vielen Ideen und Diskussionen kamen wir zum Resultat, sie in wurstähnliche Taschen, von den Hüften bis zu den Füssen, in unseren Hosen wegzutragen. Unser Gang wurde mit diesen Wurstsäcken etwas watschlig, wie bei Pinguinen. Den weggetragenen Aushub verstreuten wir unauffällig, entlang den hölzernen Absperrungen. Wir schwatzten, ulkten, wischten, scharrten die Erde unauffällig mit den Schuhen in den Boden. Als der Aushub begann, sichtbar zu werden, kamen wir auf die Idee, Gemüsebeete anzulegen. Genial, denn so konnten wir etwas Gemüse anpflanzen. Wir harkten, verteilten, schoben die Aushub-Erde zu Beeten zusammen. Die Tunnels mussten bis zum nahegelegenen Wäldchen, wo Bäume als Deckung des Ausgangs dienten, reichen. Dafür nahm man das Risiko in Kauf, dass der nächste Wachtturm nicht weit entfernt stand. Lange bemerkte niemand, was im Gange war. Dann, eines Morgens, hörten wir Rufe, Befehle, eine grosse Aufregung. Wir sprangen aus den Betten. Man hatte den ersten und kurz darauf den zweiten Tunnel entdeckt. Beide wurden gesprengt. Doch den dritten Tunnel entdeckten sie nicht. Die Wachen wurden verstärkt. Das hiess, noch mehr aufpassen. Obwohl die *Goons* ab da häufiger auftauchten, gruben wir mit grösster Vorsicht weiter. Der Eingang lag versteckt unter dem Ofen einer Baracke. Das Graben ging langsam voran, da der schwere Ofen verschoben und zurückgestellt werden musste. Man drehte den Ofen mit Holzbalken zur Seite und wieder zurück. Das war gewagt, doch es gab keine andere Idee. Monatelang, durch den Sommer, wurde gegraben. Trat eine Wache überraschend in die Baracke, zogen wir alle Tricks aus der Kiste, sie abzulenken. Wir stellten Aufpasser ab. Kameraden warnten uns, bevor die Wachen eintraten. War das Loch sorgsam zugedeckt, der Ofen an seinen Platz gestellt, entspannten sich alle wieder. Nach monatelangem Graben war der Tunnel fast fertig. Für die Flucht brauchte es noch Dokumente. Dazu klauten wir den *Goons* die Brieftaschen, die Fälscher kopierten die Ausweise, später wurden die Brieftaschen zufällig irgendwo in der Baracke gefunden und den überrumpelten Besitzern zurückgegeben. Wir färbten Uniformen um, fälschten Bahnkarten für die Flucht. Die Organisatoren hatten an alles gedacht. Geplant war, in einer Nacht etwa 300 Offizieren zur Flucht zu verhelfen. Die Spannung stieg. Wer fliehen durfte, sollte das Los entscheiden. Als der entscheidende Moment kam, hielten in der Baracke alle die Luft an. Einer nach dem anderen zog ein gefaltetes Papier aus der Mütze und öffnete es im Versteckten. Die, welche ein Los zur Flucht gezogen hatten, traten still zur Seite und steckten es in die Hosentasche. Jene mit Nieten verzogen sich mit hängendem Kopf. So auch Miki und ich. Die Ausgewählten standen ab da bereit. Sie konnten kaum mehr schlafen, kontrollierten ihre Fluchtutensilien alle paar Minuten. Der Zeitpunkt musste gut überlegt und sorgsam gewählt sein. Die Nachrichten über Angriffe der Alliierten verfolgten wir genau, um einen Moment der Verwirrung auszunutzen.

Und dann kam ein Angriff auf Berlin! Er lähmte das ganze Wachpersonal. Die Nacht brummte. Gebannt lauschten die versammelten Wachposten in ihrer Baracke den Meldungen im Radio. Sogar auf dem Turm steckten sie die Köpfe zusammen. Keiner dachte an eine Fluchtaktion. Eine stockdunkle Nacht. Im Schatten der Funzeln schlichen die Ausgewählten zur Baracke mit dem Tunneleingang. Ein Nervenkrieg begann!

Vor allem für den Ersten, denn dieser musste sich auf dem Rollwagen zum Ausgang des Tunnels durchziehen, die noch schützende Grasnarbe über dem Ausgang freilegen und rausklettern. Was ihn da erwartete, entschied den weiteren Fluchtablauf. War alles ruhig, würde er das Zeichen für den Fluchtstart geben. Als der Mutigste im Tunnel verschwunden war, stieg die Spannung zum Zerreissen. Das Warten dauerte unendlich. Miki und ich standen nebeneinander, liessen uns den Ablauf nochmals durch den Kopf gehen.

»Ist er durch, zieht er am Tau als Signal, ab da geht es schneller, dann legt sich der Nächste auf den Rollwagen«, flüsterte Miki. »Es erfordert Mut, denn der Tunnel ist eng.«

Das Signal liess auf sich warten. Was hiess das? Der Nächste mochte nicht warten und rüttelte am Seil, legte sich auf das Rollbrett und verschwand im Tunnel. Nach weiteren langen Minuten rüttelte das Seil, und er wurde zurückgezogen. Er erzählte, dass die Grasnarbe gefroren sei und sie zu entfernen länger gedauert habe. Als der Erste den Kopf aus der Erde streckte, der Schock! Der Tunnel sei zu kurz, der Ausstieg noch auf offenem Feld. Kurz vor dem Wäldchen zwar, jedoch in Sichtweite des Wachtturms. Diese Nachricht verbreitete sich in Windeseile.

»Irgendwie bin ich fast froh, nicht gezogen zu haben«, sagte ich.

»Hasenfuss!« Miki nervte.

»Bin ich nicht«, zischte ich Miki wütend an.
»Die Vorstellung, in zehn Minuten frei zu sein, wäre es doch wert.«
»Frei? Draussen fängt es erst an. Siehst ja, was für Probleme sich stellen.«
Die Hektik der Besprechung, das Tuscheln, die Angst, wie es weiter gehen sollte, vergeudete kostbare Zeit. Trotz des ungeeigneten Ausstiegs wurde entschieden, es zu wagen. Die Dunkelheit sei so undurchdringlich, das Flutlicht abgestellt, die Nacht würde sie verbergen. Mit chaotischen Unterbrechungen, gegen Angst und Klaustrophobie kämpfend, liess sich einer nach dem andern auf den Rollwagen in die Beengtheit des Tunnels ziehen, doch es ging nur langsam vorwärts. Die Gefahr bestand, dass der Tunnel einbrach. Jene auf den Wagen konnten zugeschüttet werden. Man sah die Angst in ihren Augen. Nach dem Ausstieg mussten sie im bodennahen Dickicht zu den nächstgelegenen Bäumen kriechen, immer mit der Gefahr der Entdeckung im Nacken. Jeder Laut konnte sie verraten. Zwei zogen sich aus Angst zurück. Niemand fragte nach Ersatz. Zuerst mussten alle Gemeldeten durch. Ich stand mit Miki abseits in der Baracke und lauschte den Informationen. Diese wurden immer spärlicher. Nach siebzig Männern plötzlich Flutlicht, Suchhunde bellten, Schüsse knallten. Ich schlotterte am ganzen Körper.
Der Tunnel war zu kurz, vielleicht hätte es sonst geklappt. Miki zitterte auch. Da wurde die Türe

aufgerissen, Befehle gebrüllt. Wir mussten vor die Pritsche stehen, wurden gezählt, mit Namen aufgerufen und unter strenge Überwachung gestellt. Es war unser Glück. Am nächsten Tag kam der Befehl von höchster Stelle, dem Hauptquartier: alle geschnappten Flüchtlinge erschiessen! Als wir davon hörten, trat eine lähmende Stille ein. Diese Ohnmacht, diese Verlorenheit, diese Einsamkeit! Dieser kalte Graus! Häftlinge exekutieren, wir waren sprachlos. Mit Gänsehaut verfolgten wir ihren Abtransport. Ob sie erschossen wurden, erfuhren wir nie.
Der Alltag im Straflager stellte sich wieder ein. Vor diesem Ereignis hatten wir täglich über Fluchtpläne debattiert. Ab da steckte jedem die Angst im Nacken. Einen weiteren Ausbruchsversuch würde keiner mehr wagen. Der Tunnel wurde gesprengt. Das Wachpersonal dafür verantwortlich gemacht, jeder persönliche Kontakt mit uns wurde verboten. Und doch änderte sich etwas Grundlegendes für uns: Briefverkehr mit unseren Familien und Liebsten wurde vermehrt erlaubt. Ich schrieb sofort an meinen Vater.

Lieber Vater,

Ich lebe seit einem Jahr im Strafgefangenenlager Stalag Luft 3 in Sagan. So nah von Torùn und doch so weit. Die Briefe, die ich an Dich geschrieben habe, sind wohl nicht angekommen. Viele durfte ich nicht abschicken. Ich wüsste so gerne, wie es Dir geht, wo Dich der Krieg hin verschlagen hat. Vielleicht bist Du gar nicht mehr in Torùn und kannst mir deshalb nicht schreiben. Ich vermisse Dich. Bei Kriegsausbruch wollten wir kämpfen für unser Land und mussten Hals über Kopf davonrennen. Was für eine Schmach. Diese Flucht hat mich in meinen Grundfesten erschüttert. In England gab uns die Royal Air Force unseren Selbstwert zurück. Wir wurden zu Piloten ausgebildet und kämpften mit den Engländern gegen den Feind. Da konnten wir zeigen, was in uns steckte, man brauchte uns. Im Mai 1943 wurde ich abgeschossen. Das war hart. Eine schwere Zeit begann, doch bin ich gesund und am Leben. Nun Gefangener der deutschen Wehrmacht zu sein ist niederschmetternd. Das Nichtstun, die Ohnmacht quälen mich. Aber meine Hauptsorge ist, ob Du wohlauf bist, weil ich nichts mehr höre. Ich möchte Dir so viel erzählen, doch dazu reicht das Papier nicht. Ich denke immer fest an Dich, an Polen und an Frieden. Komme heim, sobald der Krieg zu Ende ist.

Herzlich umarmt Dich Dein Masz

Von Doreen schrieb ich ihm nichts. Auch nicht von meinen Plänen, sie nach dem Krieg zu suchen. In der Nacht nachdem ich den Brief abgeschickt hatte, passierte mir etwas Wunderbares. Ich träumte von Doreen. In diesem Traum lebten wir in ihrer Stadt, gingen zusammen aus, hatten ein Haus gekauft, das zerstört vom Krieg war. Wir bauten es auf. Im Traum konnte ich sie berühren, strich über ihre feine Hand, über ihr Haar. Erst als ich ins Leere griff, wachte ich auf. Das Erwachen war schrecklich. Ich fühlte mich verwirrt und allein. Danach bekam ich einen juckenden Ausschlag, der mich nachts kaum mehr schlafen liess. Meine Ängste gewannen Oberhand. Es war die Hölle, doch ich war nicht allein. Kaum eine Nacht, wo nicht einer schrie, ausflippte, in die Todeszone springen wollte, was den sicheren Tod bedeutet hätte. Wenn ich aus meinen Träumen erwachte, überfiel mich das heulende Elend. Irgendwann fiel mir auf, dass mein Vater in diesen Träumen nicht vorkam. Dies erschreckte mich, doch ich dachte, Träume sind Träume. Die Anstrengung des schwierigen Lagerlebens, dieses zu überstehen, erschöpfte mich zusehends.

Als es auf Weihnachten zuging, kam im Lager die Idee auf, zum Fest Alkohol zu produzieren. Ein Ziel vor Augen brachte immer Leben in die Bude. Wir sparten die Äpfel unserer Ess-Ration vom Mund ab, pressten daraus Saft, mischten diesen mit Zuckerersatz und wenig Wasser und füllten dieses Gebräu in Flaschen. Zum Gären stellten wir die Flaschen dicht um den Ofen. Schon bald stiegen interessante Düfte auf und Schaum bildete sich im Flaschenhals. Die Gärung wurde beobachtet, diskutiert und das Resultat mit Spannung erwartet. Ein Brenngeschirr besassen wir nicht. Mit diesem Apfelschnaps sollte etwas Weihnachtsstimmung aufkommen! Zehn Tage vor dem Fest explodierte eine Flasche, was einen Tumult auslöste. Wir öffneten daraufhin eine weitere, leider erwies sich der Inhalt als ungeniessbar. Zeitgleich fassten wir Pläne für eine Show an Weihnachten. Dies deckte eher mein Gebiet ab. Wir übten Songs, die wir am Radio hörten, sangen vierstimmig. Die Musiker halfen uns, aus Stühlen und Besteck Instrumente zu zaubern. Ich dachte mir eine Choreographie mit Tanzschritten aus. Meine Gedanken kreisten nur noch um diesen Auftritt. Im grossen Eifer der Vorbereitung bemerkten wir nicht, dass das Wachpersonal immer seltener auftauchte. Meist waren wir uns selbst überlassen. Bis Miki auf einmal sagte: «Wo sind eigentlich die *Goons*, da läuft doch was!» Im Radio hörten wir dann von Landgewinnen der Alliierten, vom Zusammenbruch der Ostfront. Dies alles versetzte uns in angespannte Nervosität. Trotzdem probten wir weiter an unserer Show.

Noch vor Weihnachten tauchten Piloten der US-Luftwaffe auf. Sie waren von Frankfurt nach Sagan verlegt worden. Eine bunte Truppe! Sie mischten das Lager so richtig auf, fröhlich, laut, unbeschwert. Ihr Outfit brachte uns zum Brüllen. Wegen der Kälte hatten sie alles, dessen sie habhaft geworden waren, übergezogen; Shirts, Schals, Mützen, bunte Tücher, Wolldecken, Bettüberzüge, Trainingshosen. Sie lachten, schwatzten, boten Zigaretten und *chewings* an. Gefangene? Ich bewunderte sie! Sie verlachten ohne

Hemmungen die Deutschen, die sie *Krauts* nannten. Ihre Konversation war unverblümt: *Krauts* kaputt oder *Hitler* kaputt, begleitet von einem Schnipsen der Finger und einer Zigarette. Ihr Optimismus, ihr unerschütterliches Vertrauen in das unbezwingbare Amerika stärkte jeden im Camp. Ihre gute Laune übertrug sich auf uns. Für die deutsche Moral war das Gift!
Zum Fest traten wir mit unserer Show auf. Unsere Tanzeinlage wurde frenetisch beklatscht, wir feierten und lachten. Soweit es reichte, wurde der Schnaps, Marke Eigengebräu, herumgereicht. Andere hatten mit ihren Versuchen mehr Glück gehabt! Allerdings verbrannte uns der scharfe Fusel mit Schimmelgeruch die Kehle. Die Yankees verteilten Gin, der rann um einiges leichter runter. Zu unserem Gaudi schlugen sie den Engländern ein Kricketspiel vor. Das heilige Spiel des UK mitten im Winter! Die Engländer waren, oh Wunder, einverstanden und rieben sich bereits die Hände. Yankees haben keine Ahnung von Kricket, sagten sie. An einem milden Wintertag bildeten sich zwei Teams. Das Feld, halb schneebedeckt, mit Stoppeln und Grasbüscheln, lag zwischen den hintersten Baracken. Die Mannschaften stellten sich auf. Doch statt des streng disziplinierten Ablaufs, wo ruhig und mit Ernst die Spielstrategie angegangen wurde, entartete das Spiel mehr in ein *hell-break-loose* Spiel. Schreie, wildes Herumrennen, unkontrolliertes Ballwerfen und Hopsen. Wir hielten uns die Bäuche vor Lachen. Ein Gewinner konnte nicht

ausgemacht werden. Man hätte meinen können, es sei Frieden und ein lautes, lustiges Baseballspiel finde statt Doch unsere Gefangenschaft war bitterer Ernst! Das Heimweh packte mich nach dem Spiel heftig. Weshalb hörte ich nichts von meinem Vater? Wie schön wäre es, ihm am Tisch gegenüber zu sitzen, ihm von Doreen zu erzählen. Was hat der Krieg mit uns angestellt? Wie lange dauerte er noch? Wie sah es daheim aus? Weshalb schrieb Vater nicht? So fröhlich der Nachmittag begonnen hatte, so tief traurig endete er für mich. Wann endlich kam die Kapitulation? Silvester standen wir Schulter an Schulter um ein Feuer und wünschten uns Frieden, nur Frieden.

1945

Der Januar begann bitterkalt, es schneite. Neuerdings gab es Tage, wo kein Essen verteilt wurde und wenn, nur eine wässrige Suppe. Sie reichte nicht, unseren Hunger zu stillen. Unsere Kleider waren nur noch verbleichte, verdreckte Fetzen, die kaum gegen Kälte schützten. Im Winter war Kleiderwaschen nicht möglich, da kein Kleidungsstück trocknete. Doch am schlimmsten war die Unsicherheit. Das Auf und Ab der Gefühle raubte die Hoffnung. Überleben und Ausharren im Winter war doppelt so anstrengend. Das ständige Frieren zehrte an den Kräften. Sogar Mikis Humor ging fast verloren. Nur manchmal blitzte seine Ironie auf. Meistens jedoch drängten wir uns schweigend und stumm aneinander, wie eine Wagenburg, der Kälte trotzend. Oder wir schlüpften zu zweit auf eine Pritsche, unter nun zwei dünne Decken. Verdammt zum Nichtstun, verdammt, vor uns hinzudämmern, zu schwach für Gespräche, für Fluchtideen, sogar fürs Menschsein.

An einem Februarmorgen kam der Befehl: Alle Lagerinsassen haben innert vier Stunden das Lager zu verlassen!

Nach einem Schockmoment wurde das Lager zum Tollhaus. Hektik brach aus, ein Tumult. Warum, weshalb? Der Grund für diesen Befehl blieb uns zuerst verborgen. Die brennendste Frage: wie um Himmels

Willen sollen wir das Lager mitten im Winter verlassen, ohne feste Schuhe, Mantel, Handschuhe, Mützen. Die schützenden Baracken verlassen, ohne Rucksack für unsere wenigen Habseligkeiten oder Schlitten, um etwas zu transportieren. Schlitten bauen ohne Werkzeug und Material: unmöglich. Für mich stellte sich ein weiteres Problem: kann ich mit meinem kaputten Fuss stundenlang durch den Schnee laufen? Wir machten uns daran, Tische, Pritschen, Türen, Wandregale, Bodenbretter zu zerlegen, um etwas wie ein Gefährt zusammen zu zimmern. Das Geräusch von splitterndem Holz mischte sich mit Schreien, Flüchen und Rufen, gedämpft vom Schnee, der weiter fiel und versuchte, diese Schande zuzudecken.

»Scheinbar sind die Russen auf dem Vormarsch«, bemerkte Miki, während er an einem Bodenbrett herumriss. »Hilf mir mal«, forderte er mich auf, »so etwas wie eine schiefe Ebene zum Ziehen sollten wir hinkriegen.« Das war es also, schweigend packte ich an. Das Holz splitterte, Miki rieb sich die linke Hand. Blut rann zwischen den Fingern über den Handrücken. Er wischte es weg. »Nicht schlimm!«, sagte er und wickelte einen Lappen drum. »Die Kleidungsstücke ziehen wir alle an. Wir müssen uns warmhalten, Essen gibt es nicht, nicht mal warmen Tee. Da schauen wir unterwegs, irgendwie kommen wir durch«, meinte er, während er alles mit der Schnur seiner Hose zusammenband. Ich pflichtete ihm bei, und, obwohl mir hundeelend war, reichte ich ihm schweigend meinen

Gurt und zog ein Stück Wäscheseil durch meine Hose. »Irgendwie! Ja irgendwie«, durchbrach ich mein Schweigen, nur um auch etwas zu sagen. »Mein Fussgelenk hält sich zwar momentan still, ob es einen mehrstündigen Fussmarsch durch hohen Schnee übersteht, weiss ich aber nicht«, fügte ich an. Die medizinische Versorgung im Lager war mehr als dürftig gewesen. Eine Operation hatte es nie gegeben. Ich hatte die ganze Zeit über die Zähne zusammengebissen und war mehr schlecht als recht und nur humpelnd zurechtgekommen. »Auch das steh ich noch durch«, sagte ich und biss die Schnur durch. Er klopfte mir kameradschaftlich auf den Rücken.

Nach nur vier Stunden stand keine Baracke mehr. Wie vom Wirbelsturm weggefegt, lag zersplittertes Holz im zerstampften Schnee in der Landschaft. Da und dort rauchte es noch, doch die Feuer waren aus. Verrusste Schneeflecken hoben sich wie Totengräber vom Schnee ab. Am Nachmittag setzte sich eine seltsam anmutende Prozession in Bewegung. Eskortiert von Wachen, bewegte sich ein Zug in Lumpen gekleideter Männer Türen, Bettladen, Holzgestelle voller Habseligkeiten hinter sich herziehend, durch die Winterlandschaft. Die Richtung der verschneiten Strasse zeigte nach Westen, wo die Sonne noch die letzten Strahlen über den Schnee schickte. Keiner sprach, man sah nur die Dampfwolken des Atems, hörte die gedämpften Schritte, die rutschenden Geräusche der Bretter und Bettladen im Schnee. Manchmal entfloh einem ein Fluch oder ein lauter Furz. Verschwitzt und doch frierend zogen wir durch die weisse Landschaft. Die Wachen, auch sie müde von Kälte und Aufgabe, vergassen zu befehlen, schauten zu Boden. Als es dämmerte, sank die Temperatur unter den Gefrierpunkt.

Vor einem Dorf stoppte der Zug. Man versuchte, ein Quartier für die Nacht aufzutreiben. Chaotisch, voller Hektik gelangten Rufe nach hinten und wieder nach vorne, hinschauen tat keiner mehr richtig. Was für einen Sinn machte es, einen Haufen Unwilliger zu bewachen, wenn alles zusammenbrach. Es wurde dunkel und bitterkalt. Die Spitze des Zugs setzte sich wieder in Bewegung. Ich quälte mich hinkend vorwärts. Als der Mond aufging, leuchtete sein fahles Licht uns den Weg. Miki blickte starr geradeaus. Wir gerieten mehr und mehr nach hinten im Zug, durch mein nunmehr nur noch langsames Vorwärtskommen. Plötzlich packte Miki mich am Arm und zog mich zur Seite, als die Wache kurz vorwärtsschaute. Dunkelheit umfing uns. Mikis Ziel – ein Stall. Wir blieben mit klopfendem Herzen an dessen Wand stehen, warteten, bis die letzten in der Dunkelheit verschwunden waren. Leise öffnete Miki die Stalltüre. Wärme strich über meine Wangen. Im Licht von Mikis Streichholz sahen wir zwei Kühe nebeneinander. Sie drehten die Köpfe nach uns und blickten uns mit ihren sanften Augen an. Der warme Stallgeruch zog uns an.

»Hier können wir in der Wärme schlafen«, flüsterte

Miki. »Haben sie die Tiere einfach dagelassen?« Miki sagte nichts, trat in den Stall. Dunkelheit! Ich tastete mich vorwärts. Als Miki ein zweites Streichholz anzündete, entdeckte er eine Funzel. In deren fahlem Licht strich ich der vorderen Kuh über den runden Bauch, streichelte sie sanft. »Etwas Milch gefällig«, lachte Miki und zog am Euter der Kuh. Sie schob ihn unsanft weg. »Hoppla!«
»Die sind vielleicht schon gemolken, sonst würden sie brüllen.«
Ich streichelte sanft die Nase der Kuh, tätschelte ihren Hals. Sie beruhigte sich. Ihre Wärme, ihr Atem gaben mir ein Gefühl von Geborgenheit. Miki reichte mir den Eimer aus der Stallecke. Während ich besänftigend auf das Tier einsprach, kniete ich mich ins Stroh, nahm den Eimer und fasste ans weiche Euter. Tatsächlich tropfte etwas vom weissen Saft in den Eimer. Ich stand auf, klopfte der Kuh den Rücken und bedankte mich, bevor ich mich neben der zweiten Kuh hinkauerte. Bei ihr spritzte es, und schon bald sammelte sich etwas Milch im Eimer, die unser Herz hüpfen liess. Ich bedankte mich auch bei ihr, und wir teilten brüderlich. Dann schoben wir etwas Stroh zusammen und legten uns zwischen die Tiere, die uns mit grossen Augen ansahen. Ich schlief sofort ein. Noch bei Dunkelheit erwachte ich. »Miki, es muss schon gegen Morgen sein.« Miki stützte sich auf, schrie, und griff an seine Hand. »Das hat mir grad noch gefehlt«, sagte er ungehalten. »Zeig her, ein Nagel, soll ich ihn

ziehen?« Miki verzog nur das Gesicht. Er biss die Zähne zusammen. Mit einem Ruck zog ich den Nagel raus und untersuchte dann seine Handfläche. »Das sieht nicht gut aus, das könnte eine Blutvergiftung geben.« Ich nahm seine Hand, und wischte sie ab. »Es muss bluten, das reinigt.«
»Lass nur, das kommt schon gut. Habe ich Hunger!«
»Bediene dich«, sagte ich und zeigte auf die Kuh, aus deren Euter Milch ins Heu tropfte. Ich klopfte ihr den Hals. »Danke, du hast uns die ganze Nacht gewärmt, und jetzt nährst du uns noch.«
»Weshalb bist du nicht Bauer geworden«, neckte mich Miki und hielt seine Hand. Wieder teilten wir die Milch, diesmal war es fast ein Liter. Ich fuhr der Kuh über den Kopf. Ihr seidenes Fell erinnerte mich an die feinen Hände von Doreen. »Ich nenne dich Doreen«, flüsterte ich, was Miki dazu brachte, die Augen zu verdrehen. Es wurde langsam hell, als wir die Befehle der Wachen durch die Wände des Stalls hörten. In einem günstigen Moment schlichen wir uns zurück zur Truppe. Aus allen möglichen Winkeln tauchten Kameraden auf. Nur von der Dorfbevölkerung war keine Menschenseele zu sehen. Ausgestorben lag die Strasse da, obwohl ich glaubte, hinter den trüben Fenstern Blicke zu spüren. Versteckten sie sich aus Angst vor unserem kläglichen Haufen? Ich konnte mir vorstellen, wie müde die Menschen waren. Müde vom Krieg, den Entbehrungen und Todesnachrichten, der Angst vor der anrückenden russischen Armee. Wir

hingegen versuchten Kraft zu tanken aus der in Sichtweite liegenden Freiheit und der Aussicht auf Heimkehr. Unser lästiges Gefährt hinderte uns beim Vorwärtskommen, noch mehr jedoch mein geschwollener Fuss. Er brannte wie Feuer. Ich konnte kaum mehr auftreten. Im nächsten Städtchen untersuchte ein britischer Arzt aus unserem Lager meinen Fuss. Ihm hatte die Wache den Auftrag gegeben, die Verletzten auszumustern. Er untersuchte den Fuss, der dick angeschwollen war. Ausser einer stinkenden Salbe, mit der er das Fussgelenk bestrich, konnte er aber nichts tun. Der Fuss müsse operiert werden, sagte er. Miki zeigte ihm seine Hand. Die Wunde war dunkel, ein feiner dunkler Strich zog sich den Arm hoch. Er desinfizierte sie, riet ihm den Arm hochzuhalten, damit kein Wundbrand entsteht. Ein Weitergehen sei für uns nicht möglich, sagte er, sogar gefährlich. Diesen Bescheid sollten wir sofort der Wache melden. Daraufhin setzte man uns auf die Liste für den Transport der Kranken ins POW nach Luckenwalde, südlich von Berlin. Bis der Lastwagen fuhr, der alle Kranken einsammelte, durften wir auf Stroh in einer Scheune schlafen. Am Abend gab es heisse Suppe. Wieder einmal waren wir davongekommen, und wieder einmal warteten wir, weitere zwei lange Tage.

POW (prison of war)

Auch Luckenwalde lag tief verschneit da. Und nicht, wie ich gehofft, ging es in ein Spital, sondern in ein Gefangenenlager. Gleich einer Forschungsstation am Nordpol lagen die Baracken verstreut im Schnee.

»Wieder Gefangene in einem Lager. Wieder kein Holz zum Feuern.« Ich schaute Miki tieftraurig und fragend an. Er zuckte die Schultern. »Unsere Bretter hätten wir nun brauchen können. Ein Riesenfehler, sie liegen zu lassen». So stand wieder Frieren an, endloses Frieren. »Alles wegen meinem Fuss. Du hättest dich absetzen können.«

»Wie jetzt mit dieser Hand, in dieser Kälte, in diesem Schnee, wo überall Spione auftauchen. Als Spion festgenommen, heisst erschossen werden. Draussen weiss doch keiner mehr, wer zu wem gehört. Jetzt wo die letzten Gefechte laufen. Da haben alle Angst. Du weisst nicht mal, ist einer ein Freund, ein Feind, ein Spion, ein Deserteur, ein Russe, ein Deutscher. So gefährlich wie jetzt war es für uns nie. Jetzt heisst es vorsichtig sein!« Ich schwieg. Er hatte recht. Unsere Welt war ein Chaos. Neben Soldaten und Offizieren aller Alliierten hausten im POW auch russische Gefangene, die sehnsüchtig auf ihre Befreiung warteten. Trotz der wenigen Baracken wurden die Nationen nach Möglichkeit getrennt. Man wollte Anfeindungen unterbinden. Die Russen, dies bemerkte ich, hausten in den primitivsten Hütten. Es fehlte an allem, an Wasser, Heizung, warmem Essen. Mittags verteilten Wachen eine wässerige Suppe; stellten sie in grossen Containern vor die Baracken, dazu für jeden eine Ration Brot. Wenigstens das Wetter machte keine weiteren Probleme. Es blieb zwar kalt, aber schön. Im zusammengestampften Schnee konnte ich besser laufen. Mein Fuss erholte sich durch das Ruhen etwas. Mikis schwarzer Strich auf der Hand verschwand langsam. Am meisten quälte uns der Hunger. Einige findige Tüftler bastelten aus alten Konservendosen Pfannen, welche sie auf Späne von abgeschälten Holzsplittern der Wände stellten und die Späne anzündeten. So wärmten sie Suppe, kochten Wasser für Tee aus Tannenschösslingen. Einige verfügten noch über Esswaren aus der Verteilung des Roten Kreuzes. Manchmal teilten sie, manche hielten ihre Schätze versteckt. Wer wollte es ihnen verdenken. Gegenüber unserer Baracke, durch einen Zaun abgetrennt, hausten die Amis. Es war wie Magie; die Amis hatten ungleich viel grössere Brotrationen als alle andern. Sie verteilten freigiebig und immer mit einem Lachen. Der Zigarettenhandel blühte phänomenal! Ich als Nichtraucher ergatterte Zigaretten und tauschte diese sofort gegen Brot ein. Ein lohnendes Geschäft: eine Zigarette für ein Stück Brot. Die Wachen hatten kein Interesse daran, diesen Handel zu stoppen. Im Gegenteil, sie erhielten fürs Wegschauen ihre Zigaretten und die nicht zu knapp. Wir freundeten uns mit der Küchenmannschaft an, indem wir mithalfen, das Essen zu verteilen. Ich war keine grosse Hilfe, Miki hingegen legte sich ins Zeug. Hauptsache, wir waren zusammen! Auch hier entstand der erste Kontakt über Zigaretten. Nahm Miki der polnisch-slawischen Küchenmannschaft noch das Verteilen und Einsammeln der Container ab, brachte dies Extrarationen Brot ein.

So wurde es März und immer klarer: der Krieg würde nicht mehr lange dauern. Die Nachrichten, aus einem klapprigen Radio meldeten den Fall der deutschen Linien in Mittelpolen, durch die Russen. Sie hätten Schlesien erreicht. Die Front an der Oder fiel.

»Das Stalag Luft 3 liegt bereits hinter der russischen Front und das POW nahe der Frontlinie. Mit meinem Fuss komme ich nicht mehr weiter.« Ich fuhr über den Knöchel.

»Der Schritt in die Freiheit mit dir ist für mich die grösste Freude, auch wenn du humpelst«, lachte Miki mich an. Unsere Ungeduld auf Frieden spürten wir physisch, wie Strom, der Tag und Nacht durch unsere Körper kreiste. In mir drin pulsierte eine Gedankenschlaufe: wie würde sich die Befreiung abspielen? Die Szenarien der täglichen Meldungen über die Frontverschiebungen wechselten. Was, wenn die Russen die Amis überrannten? Westen frei – Osten gefangen, oder umgekehrt? Jede Nacht sassen wir in der Baracke rund um den Ofen und diskutierten in unsere dünnen Decken gehüllt. Seltsam war, jeder schaute für sich, Freundschaften ergaben sich keine mehr. Die Befürchtung, einer könnte dem anderen auf dem Weg in die Freiheit zur Last werden, war spürbar. Da war ich mit Miki gut dran! Mit hohlen Wangen, doch grossen, hoffnungsvollen Augen sassen wir rund um den Ofen, vertrieben die Zeit mit Reden über einen baldigen Sieg der Alliierten. Da und dort ertönte ein Lachen, auch wenn die Hose von einer um den Bauch gezogenen Schnur gehalten wurde, die Knochen durch den Stoff stachen. Sollte ein Waffenstillstand ausgerufen werden, bedeutete dies noch nicht, ausser Gefahr zu sein. Noch viel konnte passieren bis zu einer Kapitulation. Wie würde der Waffenstillstand durchgesetzt? Wie dieser in die hinterste Ecke bis zu den Truppen durchdringen? Wer würde dann das Sagen haben? Jede Seite versuchte noch Boden gutzumachen.

In Luckenwalde erlebten wir erstmals ein Bombardement aus Sicht der Zivilbevölkerung, nur wenige Kilometer vom POW weg. Wir hörten das Pfeifen der Geschosse, das Ack-Ack der Abwehrgeschütze. Es traf alle, Zivile wie Militärs. Sirenen heulten unaufhörlich, auch in den Dörfern um uns. Wir erschauerten. Am Himmel ein Kreuz und Quer von Kondensstreifen. Unsere tapferen Kameraden erfüllten weiter ihre Pflicht. Dresden lag unter Beschuss. Wir kamen uns vor wie im Niemandsland. Das Gefühl, gleichzeitig Täter und Opfer zu sein, herrschte vor. War einer Täter, wenn ihm befohlen wurde zu töten? War es Notwehr? War es Töten pur? Wusste noch einer, wer der andere war? In diesen Dörfern und Städten lebten Frauen und Kinder. Wem hatten sie was angetan? Sie hatten das Leben noch vor sich, ein Leben, das sie zugute hatten. Niemand durfte es ihnen nehmen. Kein Befehl, kein Krieg, keine abgeworfene Bombe. Mein Stolz als Pilot wankte unter diesen Fakten. Ich hatte die feindlichen Bomber zu vertreiben versucht und war gescheitert. Erstmals konnte ich sehen, was Bomben anrichteten. Am Horizont flackerte es ununterbrochen. Feuersbrünste tauchten den Himmel in grelles Gelborange. Die Flugzeuge hinterliessen dicke Striemen und Rauch am Himmel. Dazu ein Brummen, dass einem die Seele gefror. Alles vibrierte und zitterte. Einschläge hallten. Jeder am Boden stellte sich die Frage: Wohin gehöre ich? Zu welcher Seite? Zu jenen, die den Bombern den Weg frei schossen, die Gasse sicherten, damit diese ihr tödliches Werk vollbringen konnten, oder zu den Angegriffenen, die um ihr Leben rannten? Wir hatten mit Mut den Luftraum gesichert, hatten uns als Helden gefühlt. Waren wir Helden? Spielte dies eine Rolle? Trotz der Gedanken an Verteidigung, an Gleiches mit Gleichem vergelten, schämte ich mich. Es traf mich, keine Heldenrolle gespielt zu haben, doch ins Innerste traf es mich, als ich sah, wie die Zivilbevölkerung unter dem Bombardement vernichtet wurde. Das konnte keinen Frieden bringen. Hass und Wut stauten sich auf beiden Seiten. Ohnmächtig wälzte ich mich in den Nächten von einer Seite zur andern, wo mich das Brummen und Pfeifen der Kampfflieger kaum schlafen liess. Die Bombardements der Umgebung waren vernichtend. Dem letzten Angriff folgte das Vorrücken der Russen. Nun erbebte die Erde nicht mehr vom Luftkampf, das Beben wurde ersetzt durch den Tremor der russischen Artillerie, den Panzern. Sie pflügten sich vor die Tore Berlins.

Krieg ist die totale Kapitulation vor dem Menschsein! Eines Nachts verschwanden alle Wachen im Camp. Ab da waren wir uns selbst überlassen, einzig ein älterer Offizier blieb beim Tor, mit den Schlüsseln und dem Befehl, dicht zu halten. Nun waren wir freie Gefangene im POW zwischen den Fronten des aufkommenden Friedens. Das Camp verlassen war gefährlich. Marodierende Gruppen zogen umher, lauerten im Hinterhalt. Wer war wer? Deutscher, Russe, Deserteur, Fliehender? Der Vormarsch der Russen gab uns kein sicheres Gefühl. Und doch wagten sich, angesichts der Zäune ohne Aufsicht, mehr und mehr Mutige ins Freie für Erkundigungen. So auch Miki! Er, ein Draufgänger mit Fantasie, legte sich eine weisse Binde um den Arm. Das Loch im Zaun war schnell gefunden. Abends kehrte er mit seinen Trophäen zurück: einer Leica Kamera und einer Lederjacke. Er erzählte von Villen in der Nähe, welche fluchtartig vor dem Vorrücken der Russen nun leer dastanden. Am nächsten Tag begleitete ich Miki, folgte ihm humpelnd, mit mulmigem Gefühl. Wir suchten immer Schutz unter Büschen,

zwischen Häusern. Da, eine offene Garage, ein Motorrad, Marke BMW. Der Motor liess sich leider nicht anwerfen. So stiessen wir die Maschine in die dichten Büsche des Gartens. Vielleicht liess sie sich später holen. Eine verlockende Aussicht! Ab da durchsuchten wir täglich Villen, ergatterten Hausrat, Werkzeug und warme Mäntel. Was wir nicht selber brauchten, tauschten wir gegen Zigaretten, Lebensmittel oder Ausweispapiere ein. Es entstand ein reger Handel im Lager.
Bei einem nächsten Ausflug trafen wir auf eine Polin mit ihrer Tochter, in einem Keller eingeschlossen, halbtot vor Angst. »Polsky, Polsky« riefen sie, drückten sich weinend in eine Ecke. Miki bekam glänzende Augen. Da war sie wieder, seine Angeberei! Ich puffte ihn mit dem Ellenbogen an, schickte einen bösen Blick hinterher. »Die sind tabu«, zischte ich. »Landsleute!«
Ich versuchte die beiden zu beruhigen, was mir nur halbwegs gelang. Sie mussten Fürchterliches durchgestanden haben. Miki kriegte sich wieder ein, er war doch ein guter Kumpel. Wir fürchteten um die Sicherheit der zwei Frauen und rieten ihnen, sich unverzüglich Richtung Westen abzusetzen. Eilends verschwanden sie am Ende der Strasse, jede mit einer Tasche über der Schulter. Ob sie weit kamen? Ob unser Rat ihnen Hilfe war? Doch mehr konnten wir nicht tun. Miki blickte mich einen kurzen Moment komisch an.
»Ist was?« Ich sah ihn durchdringend an. Er klopfte mir auf den Rücken, legte den Arm um mich. So

kehrten wir schweigend ins Camp zurück. Das Loch im Zaun war bereits bequem gross, keiner brauchte sich mehr zu bücken. Waren und Trophäen aller Art wurden durch diese Öffnung ins Camp geschleust. Der Alte mit den Schlüsseln hielt sein Wort. Er bewachte den Eingang. Das war sein Auftrag. Er kam nicht schlecht weg dabei.

Trotz der Ausflüge verschlechterte sich die Lage im Camp. Die Front verschob sich ungemütlich nahe in unsere Richtung. Immer wieder sahen wir versprengte Soldaten den Waldrändern entlang fliehen. Man hörte den Lärm durchfahrender Panzer. In der Nacht bellten Schüsse, das Feuer der Geschosse erhellte die Dunkelheit. Der Lärm tieffliegender Flugzeuge und Gewehrsalven liess uns nur kurz einnickten bis zum nächsten Angriff. Wir, aufgerieben im Niemandsland, zwischen den Fronten im POW Luckenwalde. Das Verlassen des Camps blieb riskant. Es war nicht mehr ratsam und gefährlich und doch zog es Miki zu den verlassenen Villen, die Versuchung war zu gross. Ich blieb vorsichtiger. Als er eines Abends zurückkam, erzählte er von einem leerstehenden Villenviertel, sicher dreissig Villen, in einem lichten Wald. »Habe zwei Frauen aus Prag angetroffen, die wären nicht so abgeneigt auf einen Besuch, wenn sie daraus Profit schlagen können.« Ich glaubte ihm erst nicht, doch am Abend verliess ich mit ihm erwartungsvoll das Lager. Milena, jung und ängstlich, freute sich über Mikis Komplimente. Teresa, etwas älter als ich, bewirtete uns mit Wein und Brot. Ihre Arbeitgeber seien geflohen, als die Front eingebrochen sei, erzählte sie. Das Vorrücken der russischen Truppen ängstigte sie, man höre nichts Gutes.

»Wer kann von Soldaten, die seit Jahren im Kriegsdienst stehen, etwas Gutes erwarten?«, sagte ich, grad, als Miki mit Milena im oberen Stock verschwand.

Der Wein stieg uns zu Kopf. Mit neunzehn Jahren hatte meine Ausbildung begonnen. Seit unserer Flucht hatte ich kaum Gelegenheit gehabt, mich mit Frauen zu treffen. Ein Schäferstündchen mitten im Krieg, erleuchtet von Geschützblitzen, das Sterben in unmittelbarer Nähe. Ich konnte es fast nicht aushalten. Während ich mich zu Teresa hinlegte, wanderten meine Gedanken zu Doreen. Ihr hätte ich gerne über die Schenkel gestreichelt. Ich glaubte ihre weiche Haut zu spüren, glaubte ihren Duft zu riechen. Rosen, nach Rosen hatte sie geduftet. Wie es ihr wohl ging? Teresa und ich sassen danach schweigend nebeneinander. Ich mochte nicht sprechen. Vielleicht war Theresa froh darüber, jedenfalls schwieg sie ebenso. Gegen Mitternacht machten Miki und ich uns auf den Heimweg. Miki schwärmte leise von Milena. Ich ging voraus, als sich vor uns, im Licht des Mondes in einiger Distanz, Seltsames abspielte. Undeutlich ob Busch oder Mensch, bewegte sich etwas vorwärts. Ich liess mich in die Hocke fallen, Miki tat es mir nach. Das Etwas sprang plötzlich auf am Boden Kauerndes. Ich konnte im fahlen Licht nicht erkennen, ob ein Mensch dalag. Aus dem einen wurden plötzlich vier, alle mit Gewehren. Sie nahmen das Kauernde in ihre Mitte und zerrten es vorwärts, verschwanden. Nach einiger Zeit ertönte ein Wortgefecht. Dann, ein Schrei, ein Schuss. Traumartig, nur schemenhaft nahmen wir all dies wahr, duckten uns ins Unterholz. Wir waren nicht bewaffnet. Als alles ruhig war, wir nichts Verdächtiges mehr hörten, tasteten wir uns vorwärts, bis Miki stoppte. Auf dem Weg vor uns lag eine Gestalt. Uns schüttelte das Grauen! Geschockt machten wir uns aus dem Staub. Nur weg, zurück ins Lager! Dort angekommen, erzählten wir den anderen von unserer Beobachtung und dem Schreck. Zwar stand uns keine Tapferkeitsmedaille zu, doch lieber Vorsicht walten lassen, als in den letzten Tagen erschossen werden. Miki und ich hatten uns versprochen, den Krieg zu überleben, ich wollte Doreen wiedersehen. Dass Freund und Feind nun nicht mehr auseinander zu halten waren, machte alles kompliziert. Ich hatte den Abschuss überlebt, das Stationslager Luft3 und das POW ausgehalten. Und nun lag die Freiheit in Reichweite. Ich wollte nichts riskieren. Ich wünschte Frieden. Ich wünschte mir zu Doreen nach England zurückzugehen und mit ihr zu Vater zu fahren. Doch noch war nicht Zeit für Wünsche. Was Kriegsparteien der einen oder anderen Seite mit uns vorhatten, war unsicher. Alles war gefährlich. Jeden Abend fehlte die eine oder andere Gruppe. Ob die sich abgesetzt hatten, wussten wir nicht. Das Lager leerte sich langsam. Eines Abends beschlossen auch Miki und ich, unseren Mut in die Hand zu nehmen und das Lager zu verlassen. Im POW zu bleiben machte keinen Sinn mehr, obwohl es fast idyllisch dalag. Der Gruppe Landsleute, die den Rückzug in die Heimat Polen planten, wollten wir uns nicht anschliessen, denn wir wollten nach England zurückkehren. Polen unter der Herrschaft der Russen bot für uns keine Zukunft. Von England aus wollte ich meinen Vater suchen und nach England holen. Das tönte nach Zukunft. Ich wollte studieren, wollte Doreen suchen und sie heiraten.

So beschlossen wir, in einem günstigen Moment das Lager zu verlassen. Das Wetter musste stimmen, die Angriffe abgeflaut sein. Aus verschiedenen Quellen glaubten wir zu wissen, wo sich die Linie der US Streitkräfte befanden: Elbe abwärts, nur 40 km südlich von Luckenwalde. Dort hofften wir auf die Amis zu treffen. Vermutungen? Und dann ging alles plötzlich schnell! Auf unserem nächsten Gang nach draussen sahen wir in der Ferne Marschall Konievs Truppen auf dem Weg nach Berlin! Eine ganze Staffel Panzer fuhr ins Dorf Luckenwalde, überrollte ohne Vorwarnung Zäune, Schober, Ställe. Deren Bruchstücke zogen sie mit grossem Getöse hinter sich her. Befehle wurden gebellt. Fusstruppen durchsuchten die Häuser. Wir verzogen uns schnell zurück ins Lager. Diese Entwicklung war für uns heikel. Polens Regierung gehörte zum Feind. Das sowjetische Regime

hatte Polen angegriffen, Polen überrollt und eingenommen. Miki und ich, ins Exil nach London geflüchtet, waren sicher suspekt für die Russen. Wir wussten nicht, waren wir Feinde, Deserteure, Fahnenflüchtige. Uns drohte Zwangsrepatriierung in die Heimat. Den Gefahren und Risiken einer Durchquerung der Front durch abgebrannte Dörfer, zerbombte Städte, verwüstetes Land wollten wir entgehen. Da blieb nur die Flucht aus dem Lager. Der Alte war auch abgehauen. So packten wir unser Bündel.
»Nur das Nötigste«, mahnte Miki. Ich nickte und warf den Stoffsack mit ein paar Fundstücken aus den Villen weg. Vorsichtig nach Deckung suchend, mieden wir Soldaten, Söldner, Militärs. Ein Durchqueren der Linien, wo keiner wusste, wer zu wem gehörte, war nicht möglich, also wichen wir aus. Zu unserem Glück interessierten sich die Richtung Berlin ziehenden Truppen nicht für das POW. Vermehrt sahen wir jetzt Soldaten torkelnd und betrunken durch Strassen wanken, sahen ihre Gewehre und Handgranaten. Munition hing über ihre Schultern und um ihre Hüften, man hörte Schüsse. Ausgehungert, müde des Kampfes und gerade deshalb gefährlich, durchsuchten sie Häuser nach Wodka, Wertsachen, Frauen. Wir wichen aus, besonders den Betrunkenen, die unberechenbar jeden als Feind betrachteten. Sie scheuten wir besonders, obwohl ihnen der Alkohol Frieden vorgaukelte. Soweit hatte der Krieg sie, uns alle, gebracht.
Als wir unser Motorrad holen wollten im Villenviertel

sahen wir plötzlich einen Mann in Zivilkleidung, der an einem Motorrad herummanipulierte Er schaute erschreckt auf, als er uns entdeckte. Sein Blick durch die zusammengekniffenen Augen wirkte auf mich nicht eben vertrauenserweckend. Er trug seltsame Kleider, eine zu weite und zu lange Hose, deren Beine umgekrempelt schief über seinen Stiefeln hingen. Darüber hatte er einen hellen Regenmantel und einen gestreiften Schal um den Hals. Auf seinem Kopf sass ein dunkler Armeehelm. Die ganze Aufmachung sah aus, als hätte er diese einer Leiche gestohlen, was in Kriegszeiten nichts Ungewöhnliches war. Mir war der Typ nicht geheuer, im Unterschied zu Miki, den vor allem das Motorrad interessierte. Miki sprach ihn an, in Russisch was mich wunderte.
»Wohin fährst du?«
»Nach Westen«, antwortete der Mann kurz angebunden.
»Deine Maschine?« Er nickte unsicher.
»Auch wir wollen westwärts mit einem Motorrad.« Der Mann sah Miki an.
»Ich bin Miki«, stellte sich Miki vor, »das ist Masz, mein Freund.«
Der Mann grüsste mit dem Finger am Helm. Er schien nicht abgeneigt, mit uns zusammenzuspannen.
»Commissar «, sagte er.
»Was für ein Commissar bist du«, fragte ich.
»Commissar« wiederholte er und zeigte auf sich.
Komisch dachte ich, was für ein seltsamer Name. Miki

fokussierte sich auf das Motorrad und entschied: »Wir holen unser Motorrad. Das bringen wir zum Laufen.« Miki zwinkerte mir zu. Zu dritt machten wir uns auf zur Villa. Ich ging zuhinterst, der Commissar vor mir schob seine Maschine über die Wiese zum Versteck. Einmal blieb er stecken, und ich half ihm, das Motorrad vorwärts zu schieben. Er brummte etwas wie *spasiba*, was *danke* auf Russisch heisst.

Zu Miki bemerkte ich trocken: »Unser Motorrad hat keinen Sozius.« Miki, der neben dem Commissar ging, drehte sich kurz um und sagte so zwischen den Zähnen: »eben deshalb.« Ich schwieg. Unsere Maschine stand noch versteckt in den Büschen. Wir schoben sie aus dem Dickicht. Der Commissar pfiff, als er die Maschine sah.

Nochmals zischte ich Miki zu: »Sie hat keinen Sozius, du glaubst doch nicht....« Ich war echt sauer. Er antwortete nicht mehr, betätigte den Anlasser. Der Motor hustete kurz. Er begann zu schrauben und zu putzen, der Commissar half ihm, und ich schaute ihnen über die Schulter. Beunruhigt, ja alarmiert, sah ich auf, als der Commissar zu Miki etwas auf Russisch sagte. Der sprach wirklich Russisch. Miki guckte ihn kurz an, nickte und wischte weiter. Ich hatte nichts verstanden. Der Motor streikte weiter. »Hats Benzin drin«, fragte ich mal aufs Geratewohl. Tatsächlich war der Tank leer. Miki fluchte.

»Das hilft auch nicht, wir brauchen einen Schlauch.« Ich zeigte auf den Tank des Commissars, »dann

können wir von deinem Tank etwas absaugen.«
Miki sprang bereits davon und kam kurz darauf mit einem Gartenschlauch zurück. Ich holte mein Taschenmesser hervor, da der Schlauch viel zu lang war, und schnitt ein Stück ab. Es passte in den Tank der Maschine. Der Commissar packte ihn, steckte ihn in den Mund und saugte an. Kurz darauf steckte er ihn in den Tank von Mikis Maschine und spuckte ins Gras. Danach sprang der Motor mit leichtem Stottern an. Endlich! Miki setzte sich drauf und drehte eine kleine Runde. »Was bin ich für ein Trottel.« Er rieb sich die Hände: »jetzt kanns losgehen.«
»Und wo sitze ich?« Meine Skepsis wuchs.
»Er hat einen Sozius«, bemerkte Miki und zeigte auf den Commissar.
»Spinnst du«, zischte ich, »ich fahre nicht aus dem Krieg auf dem Sozius eines Russen. Weisst du, was passiert, wenn ich denen in die Hände falle«, fuhr ich alarmiert weiter.
»Der ist in Ordnung, ein guter Typ«, antwortete Miki ruhig auf englisch, »der muss auch weg und ist froh auf verlässliche Partnerschaft, scheint mir nicht übel zu sein. Weshalb sonst liesse er sich mit uns ein. Der braucht genauso Hilfe wie wir. Und er hat nun mal eine Maschine mit Sozius.« Miki hatte keine Antenne für meine Befürchtung. Sicher bemerkte er nicht mal, was er von mir verlangte.
Trotz meinem Murren blieb es dabei. Der Commissar hatte während unserem Disput weiter bei seiner

Maschine gestanden, betrachtete die Anzeigen, den Ölstand. Offenbar versuchte er, die geklaute Maschine in den Griff zu bekommen. Um nicht aufzufallen, beschlossen wir, in der Villa die Dunkelheit abzuwarten. Zur Vorsicht versteckten wir beide Motorräder wieder in den Büschen. Auf Sofa und Betten ausgestreckt, ruhten wir aus, einer schob immer Wache. Als die Nacht kam, rollten wir die Motorräder geräuschlos ins Freie, schoben sie über einen Feldweg aus dem Weiler. Mit gedrosseltem Motor, ohne Licht tasteten wir uns mehr rollend als fahrend weiter. Ob die Richtung stimmte, war nachts schwierig abzuschätzen. Erst auf einer befestigten Strasse konnten wir endlich fahren, doch auch das mit Vorsicht. Miki fuhr voraus, hinter ihm ohne Licht der Commissar mit mir auf dem Sozius. Wir durchquerten dieses Niemandsland ohne Papiere, ohne Bewilligung, ohne Identifikation, mir war schrecklich zu Mute. Jederzeit konnten wir aufspürt werden; und wer war dieser Commissar überhaupt? Gab es diesen Namen in Russland? War er ein Feind, Spion, Deserteur? Welcher Einheit gehörte er an? Die Gefahr, entdeckt, arretiert, gar erschossen zu werden, war gross. Keiner von uns mit ordentlicher Uniform. Wir wussten nicht mal, waren wir auf dem Vormarsch oder Rückzug? Ich hatte wenigstens mein Logbuch durch alle Gefahren geschleust. Alles war jetzt ungewiss und gefährlich. Die Dunkelheit umhüllte uns wie ein Mantel. Ohne Licht umfuhren wir die Dörfer. Ich hatte eine Scheissangst. Nicht so Miki,

aber der sass ja auch auf seiner eigenen Maschine.
Um sechs in der Früh tauchte vor uns im Licht der ersten Morgenröte ein Kirchturm auf. Gerade schlug die volle Stunde. Wir versteckten uns, bis es hell war, im kleinen Wäldchen neben dem Weg, warteten.
»Anders kommen wir nicht an Treibstoff«, sagte Miki knapp.
»Wir können nicht einfach in ein Dorf reinfahren, mit unseren Motorrädern fallen wir auf«, gab ich zu bedenken, als wir uns zur Weiterfahrt aufmachten.
» Wir müssen das wagen!«
»Stimmt«, gab ich kleinlaut zu. «Fahr du voraus, nicht zu schnell, wir rollen die Maschinen nur, das tönt nicht so auffällig.«
Als die Sonne gegen acht aufging fuhr Miki, mit uns im Schlepptau, im kleinen Ort auf den Dorfplatz, wo links ein schönes Rathaus stand, umgeben von schmucken Häusern. Miki stoppte und schaute sich um. Wir bremsten hinter ihm, standen und beobachteten, was er vorhatte. Rechts, am Ende des Platzes, stand ein amerikanischer Jeep mit zwei Militärs drin. Miki rollte langsam Richtung Jeep. Gerade als wir ihm folgen wollten, brummte eine tiefe Stimme in Russisch hinter uns. Erst jetzt nahm ich den Offizier und den Soldaten mit umgehängter Waffe neben ihm wahr. Die beiden hatte ich nicht gesehen. Offenbar waren die Russen im grössten Gebäude, dem Rathaus links des Platzes, einquartiert. Der Offizier winkte den Commissar zu sich. Ich stieg auf der rechten Seite des

Motorrads ab, wartete in sicherem Abstand. Während der Commissar vor dem Offizier stand, die Hände auf dem Lenker des Motorrads. Im Augenwinkel sah ich den Jeep mit den Amis sich rückwärts in die kleine Gasse verdrücken. Miki erkannte seine Chance und folgte dem Jeep. In mir stieg Panik auf. Er lässt mich zurück, wieder lässt er mich hängen. Ich sass in der Falle, konnte ihm nicht folgen. Angewurzelt blieb ich stehen, beobachtete den Offizier mit dem Commissar, verfolgte das Geschehen alarmiert. Der Offizier begann dem Commissar Fragen zu stellen. Meine wenigen Russischkenntnisse reichten nur, der Befragung bruchstückhaft zu folgen, so der Frage nach der Einheit, die der Commissar nicht beantwortete. Die zunehmend forscher gestellten Fragen verstand ich nicht mehr. Mir war schrecklich zu Mute. War der Commissar ein Deserteur? Der Offizier winkte einem Soldaten und dieser nahm dem Commissar das Motorrad ab und folgte dem Offizier, der mit dem Commissar Richtung Gebäude schritt. Was passiert nun, durchfuhr es mich. Miki ist weg. Wieder einmal hat er mich hängen lassen. Jetzt, in den letzten Tagen, nein, das darf nicht sein! Fanden die heraus, dass ich als Pole für die RAF geflogen war, musste ich mit dem Schlimmsten rechnen. Ich hatte den Imperialisten gedient, in der Armee der Kapitalisten, der Regierung in London, damit war ich ein Feind der *working class*, Feind der Sowjetunion. Die Angst machte mich hellwach, und doch schaffte ich es nicht, in die Gasse zu

laufen, wo Miki verschwunden war. Das halte ich nicht mehr durch, dachte ich. Um nicht vollends zu verzweifeln, blieb ich einfach stehen. Ich sah Doreen mit ausgebreiteten Armen auf mich zuspringen. Nicht aufgeben, hörte ich sie rufen. Da brauste es hinter mir. Das Bild erlosch. Jetzt haben sie mich! Alles verloren, alles vergebens! Das Lager, die Flucht, die Freude auf Frieden. Jetzt geht es ab nach Russland, Sibirien! Kaum besser als das Stalag. Nicht umdrehen. Ich will dieser Katastrophe nicht ins Auge sehen.
Der Wagen stoppte links neben mir so abrupt, dass seine Räder blockierten und ich zusammenzuckte. Jemand packte mich und zog mich vom Boden. Um mich schlangen sich Arme, viele Arme und zogen mich ins Gefährt, das unterdessen Fahrt aufgenommen hatte und über den Platz zur Hauptstrasse preschte. Mein geschwollener Fuss prallte an die Kante des Wagens, ich schrie vor Schmerz auf. Es schmerzte höllisch, ich kämpfte, um das Bewusstsein nicht zu verlieren. Nur ein Gedanke hielt mich davon ab: Wir überleben den Krieg! Dies haben Miki und ich uns versprochen während der ganzen Lagerzeit. Wir haben zusammen gelitten, gebangt, gehofft, gehungert und uns aufgemuntert. Ist Miki doch ein faules Ei? Er ist doch mein Freund. Mir rannen Tränen über die Wangen. In dem Moment sagte jemand in mein Ohr: »Geschafft, Masz, wir haben es geschafft!« und klopfte mir auf den Bauch, sodass mir ganz warm wurde. Unbändige Freude durchflutete mich. Ich heulte und lachte und

versuchte mich einzukriegen, während Miki und der Beifahrer mich vollends in den Jeep zogen.

Der Fahrer drückte mächtig aufs Gaspedal, ich wurde auf die linke Seite des Jeeps geworfen, ganz in die Arme von Miki. Erschöpft lehnte ich mich an ihn. »Hörst du«, wiederholte er, »unser Versprechen hat funktioniert. Sag was, du sagst nichts.« Doch ich war nicht fähig zu sprechen, nicht fähig zu denken. Während mir weiter Tränen über die Wangen rollten, lehnte ich stumm und ergriffen an Miki. Er begann zu erzählen, wie sie die Gefangennahme des Commissars beobachtet hatten. »Wir haben beraten, wie wir dich aus dieser heiklen Lage bringen könnten. Verwirrung stiften, eine schnelle Aktion, im richtigen Moment. Es hat funktioniert!« Miki lachte.

Der Fahrer gab Gas wie ein Irrer. Er war blutjung, was kümmerte ihn das Tempo! Seine Aufgabe war, die versprengten Kämpfer der Alliierten zu suchen und hinter die Frontlinie zu evakuieren. Hauptsache weg! Hauptsache nach Westen! Hauptsache in Sicherheit! Was für ein Gefühl! Wir hatten den Krieg überlebt. Wir fuhren in die Freiheit! Die Elbe glänzte in der Ferne, dort befand sich die Linie der Amerikaner. Noch ganz benommen von der Aktion, sass ich wortlos und ergriffen da, staunend und unbeschreiblich dankbar.

God bless you all
I have been so lucky

Epilog

Dies ist meine Geschichte, lieber Lalo, nur dir erzähle ich sie. Wenn ich an die Jahre im Krieg zurückdenke, wird mir bewusst, dass ich im Krieg vergessen musste zu fühlen. Doreen gab mir dieses Fühlen für einen Moment zurück. Sie hat mein Fühlen während unseres Tanzens an die Oberfläche gebracht. Sie wiederzusehen war mein erster Gedanke, als ich nach England zurückkehrte. Doch da musste sich die Welt erst wieder sortieren. Ein tieftrauriger Moment, als ich erfuhr, dass mein Vater schon bald nach Kriegsausbruch an einem Herzanfall gestorben war. Doreen bleibt mir schmerzvoll in Erinnerung. Den Beruf als Pilot gab ich auf. Zu viele belastende Erinnerungen sind damit verbunden. Miki blieb bei der Fliegerei, eine Zeitlang hielten wir noch Kontakt. Meine Fussverletzung hat sich verbessert, doch ein Humpeln ist geblieben. So bin ich jetzt der, welcher nicht laufen kann. Was das Leben doch alles bereithält!
Dich werde ich mein Leben lang nicht vergessen!

Immer dein Masz

Zum Buch

Dem Roman liegen Aufzeichnungen von Tomasz Jan Legowski zu Grunde, der als Schüler der polnischen Fliegereinheit in Frankreich von der Royal Air Force evakuiert und in England ausgebildet wurde. Er gehörte zu den legendären polnischen Fliegerstaffeln, die im 2. Weltkrieg in England mitkämpften.

Fluchtroute, Evakuierung, Flugzeugtypen, Airbases und Einsätze bei der Royal Air Force sind seinen Aufzeichnungen entnommen. Die Figuren rund um Tomasz Jan Legowski sind jedoch frei erfunden, oder weichen von den wahren Lebensläufen ab.

Nach dem Krieg blieb er zunächst in London, studierte und heiratete. Nach der Scheidung kam er über eine Arbeitsstelle in die Schweiz, wo er eine neue Ehe einging und nochmals eine Familie gründete. Hochbetagt starb er schliesslich in der Schweiz.

Die Erlebnisse aus dieser Zeit begleiteten ihn lebenslang als Kriegstrauma.

Flugbasen

Polen:
Deblin

England:
Eastchurch
Ramsgate
Manston
Blackpool
Nottinham
Montrose
Grangemouth
Dalcross
Heston
Hutton Cranswick
Nothholt

Flugzeugtypen

Polen:
RWD 3 / RWD 8

RAF:
Tiger Moth
Master
Hurricane
Defiant
Spitfire

Dank

Die flugrelevanten Teile haben der Linienpilot Manuel Danhieux und der ehemalige Militärpilot Christian Loppacher geprüft. Ich bedanke mich an dieser Stelle für ihr aufmerksames Gegenlesen.
Verena Stössinger und Barbara Traber danke ich für Lektorat und Korrektur. Ebenso danke ich Petra Buchter für das Cover, das in der Weite der chilenischen Bergwelt zwischen Schafen und Pferden entstand.

Johanna Gerber 1946, wohnhaft im Raum Basel.

Das Ich und die Welt

Lyrik, Texte, Wortspiele als kritische Ausdrucksmittel. Im Fokus immer die Menschen und die Lebensfreude. Schreibend Grenzen überwinden.
Geschichten und Lyrik als Verbindung zur Welt

www.johannatexte.ch

Weitere Bücher von Johanna Gerber:

Trojanische Steckenpferde
Anthologie, pudel&pinscher, 2020
ISBN 978-3-906061-21-4

e-ging Orakelbuch
Lyrics, cerco verlag, 2018
ISBN 978-3-033-06634-2

Die Schwestern Löwenherz
Jugendbuch, kwasi verlag, 2015
ISBN 978-3-906183-15-2

Mit Lili durch Basel
Kinderbuch, Münsterverlag, 2011
ISBN 978-3-905896-11-4

Der singende Bambus
Kinderbuch, cerco verlag, 2005
ISBN 978-3-033-00762-8

Robin der Mausejunge
Kinderbuch, cerco verlag, 2000
keine ISBN

Mit Nagelschuhen...
Gedichte, Nimrod-Verlag, 1996
ISBN 3-907 139-00-3